城市轨道交通

信号系统升级改造项目施工实施管理

尹光明　郑　旻　马在龙○编著

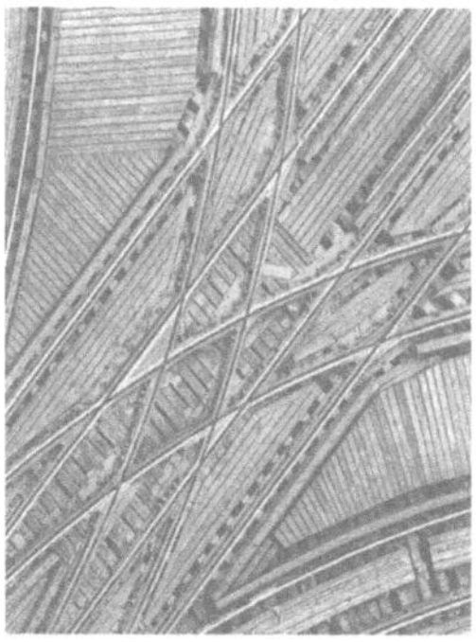

中南大學出版社
www.csupress.com.cn
·长沙·

图书在版编目(CIP)数据

城市轨道交通信号系统升级改造项目施工实施管理 / 尹光明, 郑旻, 马在龙编著. —长沙: 中南大学出版社, 2024.7

ISBN 978-7-5487-5637-8

Ⅰ. ①城… Ⅱ. ①尹… ②郑… ③马… Ⅲ. ①城市铁路—铁路信号—信号系统—施工管理 Ⅳ. ①U239.5

中国国家版本馆 CIP 数据核字(2023)第 235324 号

城市轨道交通信号系统升级改造项目施工实施管理

CHENGSHI GUIDAO JIAOTONG XINHAO XITONG SHENGJI GAIZAO XIANGMU SHIGONG SHISHI GUANLI

尹光明　郑旻　马在龙　编著

□出 版 人　林绵优
□责任编辑　韩　雪
□责任印制　唐　曦
□出版发行　中南大学出版社
社址: 长沙市麓山南路　　邮编: 410083
发行科电话: 0731-88876770　　传真: 0731-88710482
□印　　装　长沙创峰印务有限公司

□开　　本　710 mm×1000 mm 1/16　□印张 10.75　□字数 187 千字
□版　　次　2024 年 7 月第 1 版　□印次 2024 年 7 月第 1 次印刷
□书　　号　ISBN 978-7-5487-5637-8
□定　　价　68.00 元

前言 Foreword

在这个日新月异的时代，随着科技的不断发展，信号系统作为铁路运输的核心组成部分，对其进行升级改造是确保铁路安全、提高运营效率的必要手段。本书旨在为读者提供信号系统升级改造项目运营线路施工管理的全面指南，帮助读者了解和掌握信号系统升级改造过程中的关键技术和实施细节。

本书涵盖了施工方案管理、施工配合保障方案管理、人员组织管理、施工物料管理、施工工期管理、施工质量管理、施工安全管理，以及应急保障管理等方面。通过阅读本书，读者将深入了解信号系统升级改造项目运营线路施工管理的特点、原则和方法，掌握相关的技术和知识，提升在信号系统升级改造项目中的实践能力和管理水平。

本书由尹光明、郑旻、马在龙编著，王斌祥、刘拔、李铁军、张利祥、张莹、汪道源、陈钢、陈亮、李帅、李永章、陈浩、张培若、张兴平、易东阳、周航、候春分、姚茂伟、袁矿辉、谢列文、潘瑛等也参与了本书的编写工作。本书的撰写得到了许多专业人士的支持和帮助，他们为本书的撰写提供了宝贵的资料。在此，我们对他们的辛勤付出表示衷心的感谢。同时，本书在撰写过程中参考了许多相关文献和资料，在此对这些文献和资料的作者表示衷心的感谢。

由于信号系统升级改造项目运营线路施工管理是一个不断发展和变

化的领域，本书所提供的信息仅供参考，读者在实际操作中应根据具体情况进行灵活应用。如有问题或建议，请随时联系我们，我们将认真听取并及时更改。

希望本书能为广大科技工作者及研究人员在学习信号系统升级改造项目运营线路施工管理领域相关知识时提供帮助。

编　者

2023年10月

目 录 Contents

第1章

概　述

1.1 信号系统升级改造项目运营线路施工管理特点

长沙市轨道交通2号线一期及西延一期信号系统改造工程项目整体的改造原则是“无感化改造”。即改造过程中不暂停运营，地面/车载同时一次性倒切，设备尽量利旧，保障既有系统的行车安全/效率。项目的大部分地面长期设备采取利旧，轨旁车地通信重新架设，调试期间以倒切的方式进行系统切换。白天采用既有设备正常运营，夜间天窗点施工及调试新设备。调试完成后地面一次性倒切并拆除旧系统。对于配套工程，配套工程改造满足信号系统改造的配套要求，并与原系统无缝衔接。车辆改造方面，32列新车安装新系统，先进行试车线调试，再正线调试32列既有车，最后拆除旧系统，换装新系统。

本次改造项目主要有以下几个特点。

（1）地面调试任务急：地面调试急迫，计划工期59天，工作时间折算后仅15天，需10个联锁区同步开展；倒切管控风险难度大，10个室内联锁区同时施工并倒切，且每个联锁区均须拆配既有线。

（2）动车调试时间短：夜间进行车载调试，列车调度时间短，且由于黄兴车辆段列位已满，不具备存车条件，存车困难；动车调试计划工期折算后仅为52天，对比新线建设3~6个月时间，调试时间短。

(3)车辆改造时间紧：车辆改造时间紧，任务重，6 个月内完成 18 列车改造，高峰期 1 个月改 4 列车；全线仅 1 条架修线，车辆改造月均占用架修线 25 天。

1.2 升级改造项目关系方简介

运营公司履行合同中甲方的质量管理权利和义务，督促乙方履行合同中质量管理义务，对工程质量管理负总责。

勘察、设计、设计咨询单位对勘察、设计成果质量负责；同时应设置工地现场工程质量管理机构，按照质量管理法律法规、标准和合同要求，开展现场工程质量工作，各单位项目负责人为现场质量管理第一责任人。

承包商、施工单位贯彻执行有关质量管理的法律、法规、标准和规章制度，对工程施工质量全面负责，项目经理为工程施工质量第一责任人；监理单位对工程质量负监理责任，总监理工程师为工程质量监理责任的第一责任人。

第 2 章

施工方案管理

2.1 施工方案编制管理

第一条　编制依据

施工组织设计的主要依据是本工程设计说明书、施工图审查、工程测量、相关技术规范、验收标准。

第二条　参与人员及职责

表 2-1 为参与人员及职责。

表 2-1　参与人员及职责

序号	岗位	职责
1	项目总工程师	提供节点工期安排计划、机械设备投入计划、物资到货计划、人员进场计划及编制完成后的审核
2	工程管理部部长	细化各专业节点工期及接口部分工期安排，汇总由专业主管工程师编制的专业节点工期安排，编制施工行车组织方案及施工人身安全方案，并对汇总的施工组织设计进行格式调整。施工组织设计编制完成后报送项目总工程师审核及修正，并报送上级单位审核及批复

续表2-1

序号	岗位	职责
3	专业主管工程师	依据项目总工程师提出的节点工期安排等，结合工程管理部部长细化部分，进行本专业的节点工期安排、机械设备投入计划、物资到货计划、人员进场计划及本专业的施工标准及施工组织方案的编制；编制完成后，汇总至工程管理部部长处，并及时修正施工组织设计文件

第三条　编制内容

施工组织设计编制内容见表2-2。

表2-2　施工组织设计编制内容

序号	一级标题	内容
1	编制依据、范围及设计概况	1. 编制依据； 2. 编制范围； 3. 设计概况
2	工程概况	1. 线路概况（附地理位置图）； 2. 主要技术标准； 3. 主要工程内容和数量； 4. 征地拆迁数量、类别，特殊项目情况； 5. 工程特点； 6. 控制工程及重难点
3	建设项目所在地区特征	1. 自然特征（地形、地貌、地质，水文气象等）； 2. 交通运输情况； 3. 沿线水源、电燃料等可利用的情况； 4. 当地建筑材料的分布情况； 5. 其他与施工有关的情况（卫生防疫、地方性疾病及民俗）
4	总体施工组织安排	1. 建设总体目标（安全、质量工期环保等）； 2. 施工组织机构、队伍部署和任务划分； 3. 总体施工安排和主要阶段； 4. 施工准备和建设协调方案； 5. 分项工程施工进度计划； 6. 工程接口及配合； 7. 联调联试及运行试验； 8. 施工总平面布置示意图，形象进度横道图、网络图

续表2–2

序号	一级标题	内容
5	临时工程和过渡工程	1. 临时工程； 2. 过渡工程
6	控制性工程和重难点工程	1. 控制性工程； 2. 重点工程； 3. 难点工程
7	施工方案	1. 施工准备； 2. 施工方案； 3. 联调联试； 4. 试运行； 5. 其他
8	资源配置	1. 主要工程材料设备采购供应方案； 2. 分年度主要材料设备计划； 3. 关键施工准备的材料数量及进场计划； 4. 劳动力计划； 5. 投资计划； 6. 临时用电及施工计划
9	管理措施	1. 标准化管理措施； 2. 质量管理措施； 3. 安全管理措施； 4. 工期控制措施； 5. 投资控制措施； 6. 环境保护措施； 7. 水土保持措施； 8. 文物保护措施； 9. 文明施工措施； 10. 节约用地措施； 11. 冬季施工措施； 12. 夏季施工措施； 13. 雨季施工措施； 14. 应急预案； 15. 信息化管理

续表2-2

序号	一级标题	内容
10	引用的设计文件与施工规范	引用的设计文件与施工规范
11	进一步研究解决的问题及建议	进一步研究解决的问题及建议
12	施工组织图表	包括附表、附件、附图

2.2 施工方案审批管理

1. 报送业主流程

(1)项目内部讨论施工组织设计、施工组织安排及重难点事宜;

(2)专业主管工程师补充本专业相关内容;

(3)工程管理部部长汇总并编制施工组织设计文件;

(4)项目总工程师组织进行项目内部审核;

(5)工程管理部部长修正文件后办理施工组织设计报审流程;

(6)施工组织设计文件批复后,工程管理部存档并组织全员学习(留存《学习签到表》)。

2. 报送公司流程

(1)项目内部讨论施工组织设计、施工组织安排及重难点事宜;

(2)专业主管工程师补充本专业相关内容;

(3)工程管理部部长汇总并编制施工组织设计文件;

(4)项目总工程师组织进行项目内部审核并签认;

(5)工程管理部部长修正文件后发送电子档(施工组织设计)及《实施性施工组织设计审批表》;

(6)施工组织设计文件批复后,工程管理部存档并组织全员学习(留存《学习签到表》)。

3. 报审流程

报送业主施工组织设计流程见图 2-1,报送公司施工组织设计流程见图 2-2。

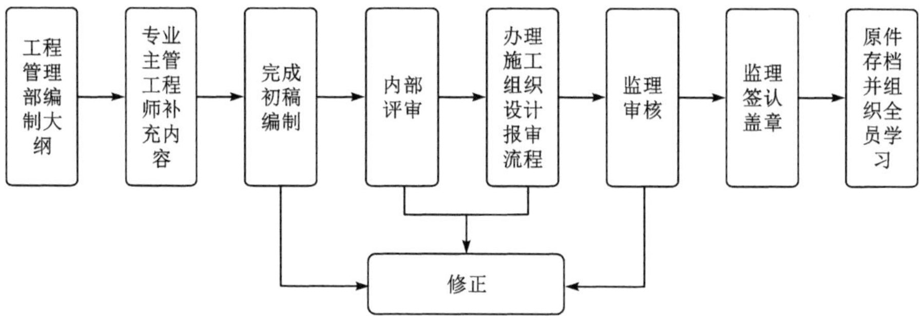

图 2-1　报送业主施工组织设计流程

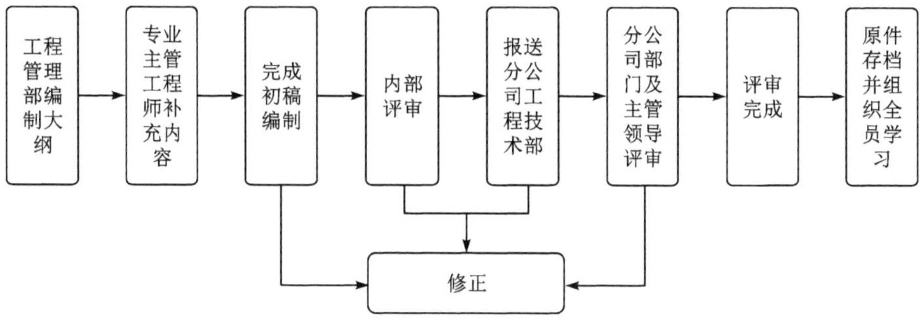

图 2-2　报送公司施工组织设计流程

4. 施工组织设计调整

出现下列情况时，施工组织设计应及时做出调整：

(1)项目建设计划调整时；

(2)不可抗力造成的自然及地质灾害发生变化时；

(3)项目采用的法律、法规、标准发生变化时；

(4)其他引起施工组织设计须做调整的情况。

2.3　施工方案介绍

1. 指导思想

安全第一、合理计划、服从运输、组织有序、分段实施、强化重点、平行推进、质量达标。

服从建设单位对全线工期的统筹计划，服从监理、运营管理、系统集成商单位的指导、监督检查，及时根据现场实际调整施工计划以保证工期。

2. 主要施工方法、工艺流程

室内施工主要分为 12 个关键工序：①机柜搬运；②拆掀防静电地板；③既有机柜、线槽保护，地面卫生清洁；④机柜底座安装；⑤新设机柜二次搬运、安装；⑥走线槽安装；⑦电缆引入及成端，站台、运转室线缆敷设；⑧机柜布线及配线；⑨设备安装；⑩室内校线、导通；⑪室外设备校线、导通；⑫设备上电。

由于既有线施工时间有限，既有机房内穿插新设备施工难度大，总体施工理念为优先保障设备正常运行。

具体室内设备安装施工流程见图 2-3。

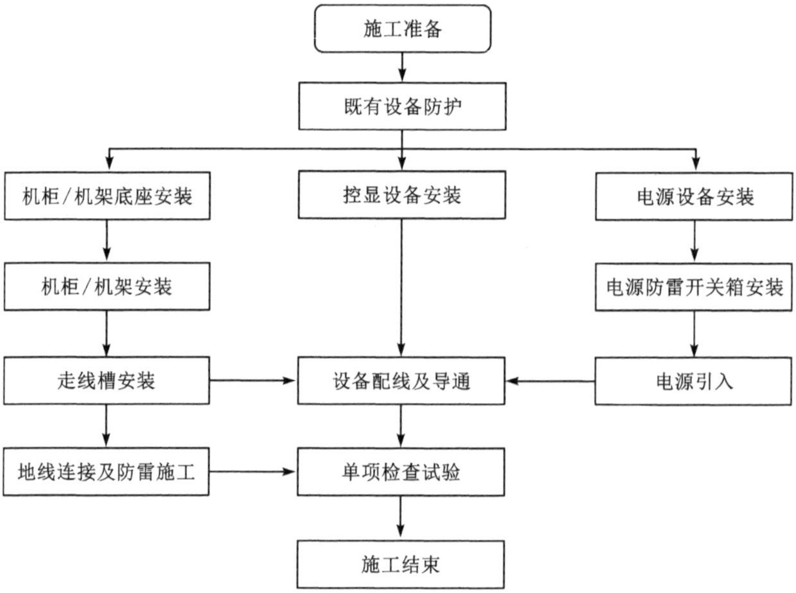

图 2-3　施工流程

2.3.1　安装前准备

(1) 对照施工图纸，对施工现场房屋尺寸再次进行测量及复核，确保既有信号设备室的房屋空间具备安装条件。

(2)根据设计文件现场复核机柜位置，以及机柜和设备位置。核对既有设备数量是否与设计图纸一致，摆放位置是否与过渡时期设备摆放位置存在出入。核对无误后进行下一步施工，如存在问题须及时联系项目主管工程师及设计师。

(3)核对新安装室内设备是否到货，数量是否齐全。室内机柜安装须统筹全局，谋划好机柜布局，对既有设备进行防护后方可进行下一步施工。

(4)室内施工前须提前转运既有机房内备品柜、材料架等影响设备安装的柜子。提前扩充好相关电缆走线孔洞。涉及钻孔等工序时采用物理隔离，避免尘土飞扬。

(5)在作业前组织技术人员认真核对施工图纸，熟悉规范和技术标准，制定施工安全保证措施。对操作人员进行技术、安全交底。

(6)施工前对既有设备进行防护处理，拆除影响后续施工过程中既有机柜门。采用透明阻燃材料对既有设备进行硬隔离处理。

(7)施工前完成线缆绑扎和侧面端子配线的首件定标。

(8)线缆及辅助材料准备完毕。

(9)既有静电地板拆除及清理。非运营时间采用人工方式拆除既有静电地板，从出入口转运至废弃地点。

(10)既有信号设备室施工前，在信号设备室既有机柜或墙壁适宜位置张贴醒目的“安全警示标语”标识；采取隔离防护措施，划分施工区、既有设备禁区，一般情况下严禁施工人员进入既有设备禁区。

(11)施工期间关闭既有机柜前、后带门框。采用“警戒隔离带”进行围蔽，并加挂“既有在用设备”标志。对于没有门框的机柜采取硬隔离措施，采用“透明阻燃板”进行防护，避免在施工过程中误碰既有设备。图 2-4 所示为设备防护示意图。

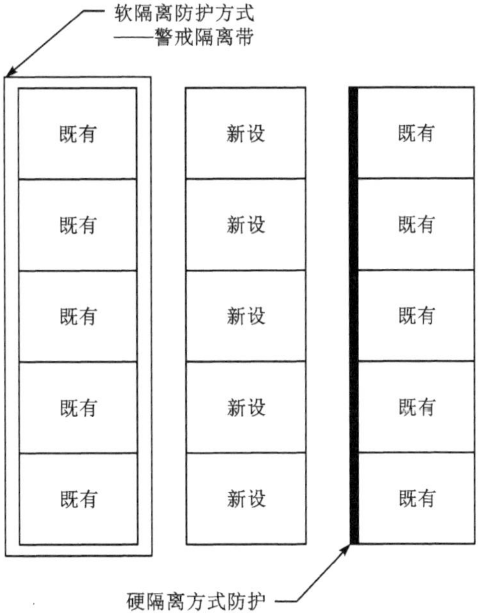

图 2-4　设备防护示意图

2.3.2 开箱检查

梅溪湖西站为地下车站，经现场调查，梅溪湖西站设备室在地下层。利用天窗点将机柜运输至设备室外方，机柜在走廊及通道存放时不得堵塞。

室内设备到货后，按照要求进行报验，现场开箱检查，合格后才准许进场使用；设备开箱时要求监理人员在场，并保存开箱检查记录及影像资料，双方签字认可，一式两份。

设备开箱、验收目的如下：

(1)确保供货质量。

(2)加强设备管理，搞好设备验收工作。

设备开箱、验收的程序如下：

(1)外观检查。

- 检查设备包装是否完好，有无破损、碰伤、浸湿、受潮、变形等情况，标识是否清晰。
- 检查设备及附件外表有无残损、锈蚀、碰伤等。
- 如果发现上述问题，应做详细记录，拍照留据。

(2)数量验收。

- 以供货合同和装箱单为依据，检查设备、附件的规格、型号、配置及数量，并逐件清查核对。
- 认真检查随箱资料是否齐全，如仪器说明书、操作规程、检修手册、保修卡、产品检验合格证书等，并留一份存档案部门。
- 做好数量验收记录，写明验收地点、时间、参加人员、箱号、品名、应到和实到数量。

(3)做好齐套检查。

(4)设备及所需的各部件和附件是否配套完整并合乎使用要求。

(5)对于电气特性易受影响的设备和器件，应由工程督导为主进行检查。

(6)已检验的货物应按类摆好。

2.3.3 机柜搬运

施工内容：①机柜运输；②机柜从地铁出站口运输至站厅层；③站厅层机柜临时存放；④机柜从站厅层运输至设备房。

1. 人员安排及实施步骤

人员安排及实施步骤见表 2-3。

表 2-3　人员安排及实施步骤

<table>
<tr><th>施工内容</th><th>计划使用
施工方法</th><th>人员配置</th><th>主要工机具</th><th>计划工期
/天</th><th>特殊配
合需求</th></tr>
<tr><td>机柜运输</td><td>市政货运
车辆运输</td><td>地铁范围
外(一)</td><td>货运车辆</td><td rowspan="2">5</td><td>—</td></tr>
<tr><td>机柜从地铁出站
口运输至站厅层</td><td>人工抬运、
部分机柜采用
垂直电梯抬运</td><td rowspan="2">技工 5 人，
普工 20 人</td><td rowspan="3">手持液压叉车、抬杠、防护泡沫板、大绳</td><td>—</td></tr>
<tr><td>站厅层机柜
临时存放</td><td>—</td><td rowspan="2">6</td><td>占用站
厅区域</td></tr>
<tr><td>机柜从站厅层
运输至设备房</td><td>手持液压叉车</td><td>技工 3 人，
普工 12 人</td><td>—</td></tr>
</table>

运输路线：中国通号长沙产业园库房→梅溪湖西站地铁 2 号口→人工楼梯运输至站厅层(或垂直电梯运输至站厅层)→站厅层临时存放→运输至信号设备室。

2. 配合需求

室内设备安装施工前须将设备房内临时设施等转运至其他房间。根据各站场情况，有条件时允许走线架、机柜底座、支架、配线电缆等材料。施工工机具临时存放在适当位置。

3. 防护措施

机柜在地铁站外运输过程中遇到下雨天气时，需要使用防水雨布进行防护覆盖；遇到大雨等天气，不得将机柜从地铁出站口运输至站厅层施工。

电源屏、不间断电源(uninterruptible power supply，UPS)等重量超过 300 kg 的机柜计划采用垂直电梯运输。运输过程中使用泡沫板将机柜上部棱角进行包裹，保护机柜的同时减少对既有设备设施碰撞带来的损坏风险。

施工前确认搬运人员状态良好，机柜搬运重点注意避免发生重物跌落伤人等；施工人员必须穿戴齐全安全帽、劳保鞋、防护服等安全防护用品。捆扎绳索应力必须大于机柜重量的1.5倍(约1.5 t)并定期进行检查。在楼梯搬运时，机柜滑动、倾斜方向不得站人。

机柜运输区域使用雪糕桶及隔离绳将施工区域做临时防护，防止乘客、保洁及其他工作人员进入施工现场。

2.3.4 拆掀防静电地板

施工内容：①静电地板面层拆除；②静电地板支架拆除；③静电地板清理出站厅层。

1. 人员安排及实施步骤

人员安排及实施步骤见表2-4。

表2-4 人员安排及实施步骤

<table>
<tr><th>施工内容</th><th>计划使用施工方法</th><th>人员配置</th><th>主要工机具</th><th>特殊配合需求</th></tr>
<tr><td>静电地板面层拆除</td><td>人工、出地铁口后市政货运车辆运输</td><td rowspan="3">技工2人，普工10人</td><td rowspan="2">主要为人工，须使用拆除小工具(如钳子等)</td><td rowspan="3">配合旧料回收签认，指定回收地点</td></tr>
<tr><td>静电地板支架拆除</td><td>人工、出地铁口后市政货运车辆运输</td></tr>
<tr><td>静电地板清理出站厅层</td><td>小推车运输</td><td>小推车</td></tr>
</table>

拆除路线：信号设备房→梅溪湖西站地铁口站厅层→人工楼梯运输至地铁口外→市政运输至临时库房→阶段施工完毕后统一移交给运营公司有关部门。

2. 配合需求

配合旧料回收签认，指定回收地点。

3. 防护措施

室内静电地板的拆除采用人工拆除的施工方式，拆除须避免压到既有裸露在线槽外的线缆。

进门地段静电地板在机柜组立阶段保留，待机柜组立基本完毕后拆除。

2.3.5　既有机柜、线槽保护、地面卫生清洁

施工内容：①结合防静电地板拆掀，预留机柜室内组立搬运通道；②既有线槽防护；③灰尘、垃圾清扫。

1. 人员安排及实施步骤

人员安排及实施步骤见表 2-5。

表 2-5　人员安排及实施步骤

施工内容	计划使用施工方法	人员配置	主要工机具	特殊配合需求
结合防静电地板拆掀，预留机柜室内组立搬运通道	人工、须切割作业	技工 2 人，普工 10 人	切割机、木板、“几”字形底座	—
既有线槽防护	人工		—	—
灰尘、垃圾清扫	人工		清扫工具、编织袋	—

2. 防护措施

既有线槽盖板缺失时，增补线槽盖板。将错位的既有线槽盖板及时恢复并使用铁丝每隔 1.5~2 m 进行捆扎固定。

进门地段静电地板在机柜组立阶段保留，待机柜组立基本完毕后拆除。

新槽道安装的切割作业，不得在设备机房进行，在站台层车站控制室外进行。动火作业、切割作业时，须配合屏蔽明火报警及烟感报警。

地面灰尘较多时，灰尘的清扫使用半湿润的扫帚进行，避免扬尘进入机柜。扫帚的清理在设备室外进行。

2.3.6　机柜底座安装

施工内容：①底座运输；②机柜定位；③底座铺排；④临时取电钻孔；⑤底座固定；⑥特殊情况下改造既有线槽。

1. 人员安排及实施步骤

人员安排及实施步骤见表 2-6。

表 2-6　人员安排及实施步骤

施工内容	计划使用施工方法	人员配置	主要工机具	特殊配合需求
底座运输	人工	技工 4 人，普工 6 人	小推车	—
机柜定位	人工		水平仪	须各单位确认设备组立位置、防雷箱等安装位置
底座铺排	人工		—	—
临时取电钻孔	人工		接线盘、电锤	取电
底座固定	人工		扳手等小工具	—
特殊情况下改造既有线槽	人工，可能须切割作业		接线盘、开孔器	盯控、动火作业

重点工序：

(1)划线定位。

测量现场既有设备尺寸及安装位置是否与设计图纸相符。

使用记号笔按照设计图纸对新设备底座进行画线定位。

预铺机柜底座，检查底座条件是否满足安装要求；复核底座安装是否存在碰撞情况并及时解决。

(2)机柜底座安装。

机柜、底座及槽道规格、型号符合安装需求。

机柜、底座及槽道表面无变形、无损伤，镀层、漆饰完整无脱落。

机柜内部件完好、连接无松动；无受潮发霉、锈蚀。

(3)划线。

按照施工平面设计图纸，确定机柜的安装位置。根据机柜安装孔的机械参数及尺寸，在地面确立各安装孔中心点的具体位置，并用铅笔或油笔进行标注。

(4)钻孔。

由于机柜上安装孔的孔径为 14.5 mm，使用的膨胀管为 M12 mm×100 mm。用冲击钻在地面标记的安装孔中心点上冲孔，钻头选用 M14 mm，孔深为

105 mm。冲孔时要防止冲击钻振动造成偏心，尽力保持与地面垂直。打孔后，使用吸尘器将所有孔位内部、外部的灰尘清除干净，再对孔距测量，对于误差较大的孔须重新定位、打孔。

(5)固定底座。

将底座移动到安装位置，使底座上的安装孔对准地面孔位。将膨胀螺栓杆和膨胀管垂直放入安装孔位中，用橡胶锤直接敲打膨胀螺栓，直到将膨胀螺栓的膨胀管全部敲入地面。将大平垫、弹垫及螺母装入膨胀螺栓，紧固螺母至45 nm。

在底座上安装机柜时，要根据地板表面与地面的高度定制安装底座。本工程项目拟定室内设备底座采用无下边梁、高度为 300 mm 底座。后续静电地板安装高度与底座高度一致。

(6)安装底座。

同排的底座应使所固定机柜的正立面在同一直线上，主通道侧的纵向侧面应在同一直线上。

2. 配合需求

未安装完毕的机柜底座临时存放于电缆间或设备房角落。施工工具及手持电动工具使用收纳箱收纳后放置于电缆间或设备房。

机柜定位前，须各单位确认设备组立位置、防雷箱等安装位置。

3. 防护措施

需要 2 次移设的机柜使用红色记号在地面做好标识，提醒走线槽安装及线缆敷设做足预留。

电锤等用电设备应在配备有断路保护装置的放线盘或三级配电箱上使用。

新设备支架的切割作业，不得在设备机房进行，在站台层车站控制室外进行。动火作业、切割作业时，须配合屏蔽明火报警及烟感报警。

2.3.7　新设机柜二次搬运、安装

施工内容：①新设机柜从临时存放点运输至设备房；②设备房新机柜抬运；③新机柜组立。

1. 室内设备平面布置

机柜位置、机柜与墙体、电源屏间的安装距离，以及机柜安装朝向及总体布局应符合设计规定，安装布置详见图 2-5、图 2-6。

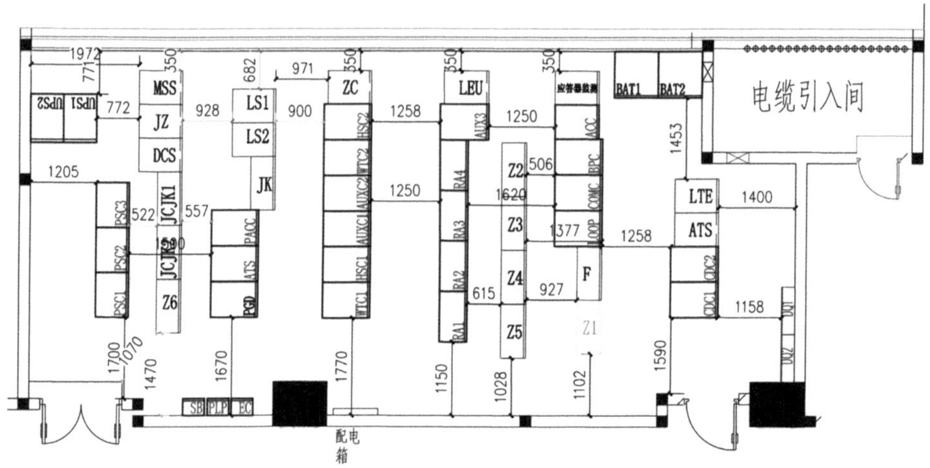

图 2-5　梅溪湖西站施工过程室内设备平面布置（单位：mm）

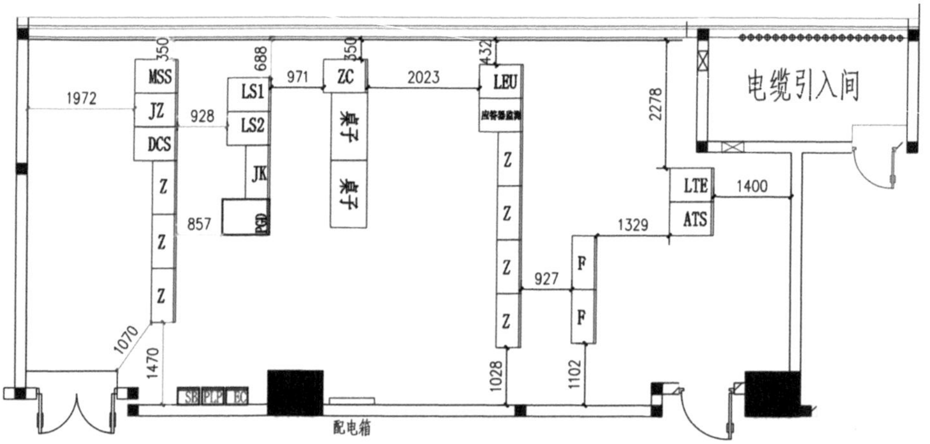

图 2-6　梅溪湖西站室内设备平面布置（单位：mm）

2. 倒切柜安装

倒切柜及倒切单元既要满足既有系统联锁运营时段正常使用，也要满足新设联锁系统测试及整体倒切后新系统运营，同时便于后期拆除。两套联锁设备通过倒切柜及倒切单元可确保以下需求：

(1)既有和新设联锁设备所有输入/输出信号都独立进行采集和控制，之间不存在任何的连接关系，包括继电器组合柜均独立设置；

(2)两套联锁共用设备的输入/输出信号，并通过倒切柜及倒切单元进行切换；

(3)为了更进一步确保联锁设备完全切换，倒切柜及倒切单元设计新设联锁供电开关，采用双断方式切断或接通联锁设备的供电。确保并且所有开关位置正确后，新设联锁系统才能正常上电工作。

2 号线改造升级系统采用基于通信的列车自动控制系统(communication based train control system，CBTC)，原有车站和轨旁设备与新设备相互影响较小；计轴器、数据通信系统(data communication system，DCS)设备、应答器和站台设备等与旧设备间没有影响，都可以独立进行施工及单体调试；新安装的信号机需要安装无效标及防护罩。

2 号线室内改造设备包括计轴器，部分新增信号机、新联锁、新组合、新分线柜；除了道岔、既有信号机、紧急停车按钮(emergency stop button，ESB)等既有设备，可以在前期综合考虑安装空间及位置，以及安装至既有设备房及轨旁对应位置。本次设计的倒切主要为道岔、信号机、ESB、站台屏蔽门(platform screen doors，PSD)等设备。

本阶段施工只进行倒切柜柜体安装、新设分线盘至倒切柜过渡电缆的敷设及配线、倒切柜至既有分线盘下方过渡电缆标识，不进行既有设备拆配线施工，见图 2-7。

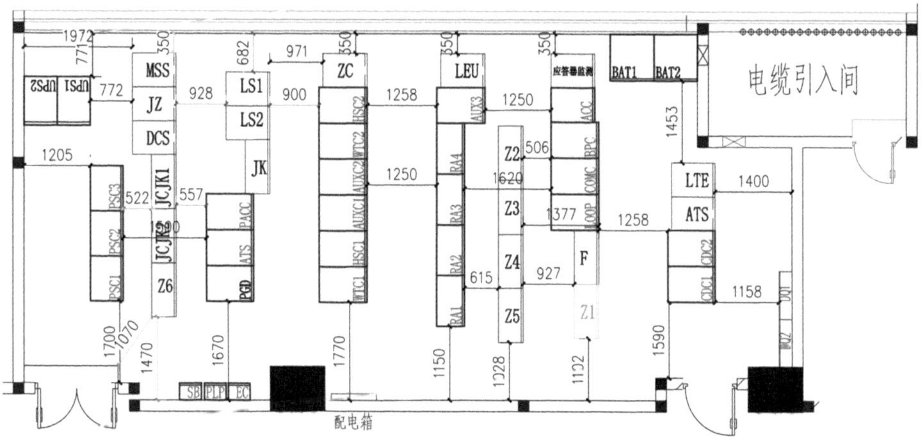

图 2-7 倒切柜安装平面布置(单位：mm)

倒切柜的安装分为侧墙式及底座式，采用底座安装时底座高度 300 mm，安装工艺同室内机柜安装工艺；采用侧墙式安装时使用 M12 mm×100 mm 膨胀螺丝固定在墙体上方。

3. 综合后备盘(integrated backup panel, IBP)安装及倒切显示装置安装

IBP 线缆及倒切显示装置线缆从信号设备房敷设至车站控制室，设备安装在控制台上方。

4. 人员安排及实施步骤

人员安排及实施步骤见表 2-7。

表 2-7　人员安排及实施步骤

<table>
<tr><th>施工内容</th><th>计划使用施工方法</th><th>人员配置</th><th>主要工机具</th><th>特殊配合需求</th></tr>
<tr><td>新设机柜从临时存放点运输至设备房</td><td>人工、手持液压叉车</td><td rowspan="3">技工 4 人，普工 8 人</td><td>手持液压叉车</td><td>—</td></tr>
<tr><td>设备房新机柜抬运</td><td>人工</td><td>抬杠、防护泡沫板、大绳</td><td rowspan="2">室内高风险施工，专人配合盯控</td></tr>
<tr><td>新机柜组立</td><td>人工</td><td>抬杠、防护泡沫板、大绳、水平仪</td></tr>
</table>

重点工序：

按照设计图总体布局，测量和确定机柜位置。同排机柜的正立面在同一直线上，主通道侧的纵向侧面应在同一直线上，见图 2-8。

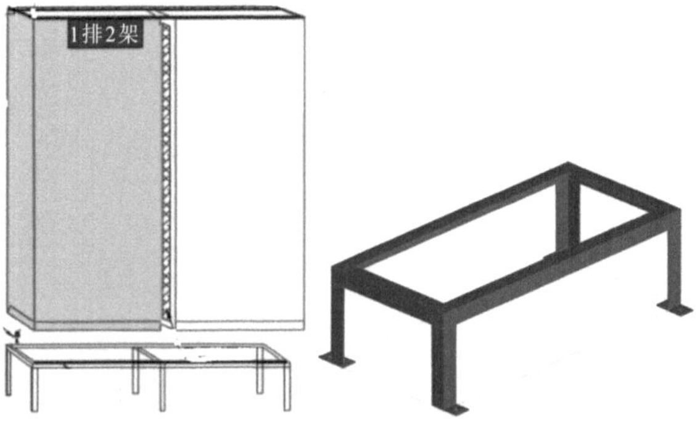

图 2-8　室内机柜机架安装

将机柜摆放至安装位置后，调整分体支架使机柜与地面垂直，相邻机柜间紧密靠拢。将底座和机柜用 M12 不锈钢螺栓固定好。

5. 防护措施

手持液压叉车行驶速度不得超过 5 km/h。

机柜进入信号设备房前须将多余包装拆除完毕。

机柜组立时遵循先里后外的原则，避免靠外侧机柜组立完成后阻断靠设备室里侧机柜的运输路径。

机柜进入设备房前将四周棱角留足搬运空间，并使用泡沫板固定防护。组立完毕后拆除泡沫板，并循环利用。

每次只运输一个机柜进入设备室内。机柜组立时不进行其他与机柜组立无关的施工工序。

每个机柜根据设计图纸预留作业通道，保证既有设备的应急抢修。

2.3.8　走线槽安装

施工内容：①走线槽运输至设备室；②走线槽铺排；③走线槽底座钻孔安装；④走线槽底座取电钻孔固定；⑤走线槽切割加工。

1. 走线槽安装

(1) 走线槽就位。

按照组合柜布置进行走线槽就位。走线槽不应设成环状，若受现场实际情况制约，环状不能避免时，通过增加绝缘板方式形成梳状。

(2) 走线槽调整、固定。

- 室内采用下走线方式，为避免下走线槽道与网格地线交叉，在槽道下部安装支架支撑。
- 使用槽道安装附件进行连接，连接牢靠。
- 槽内加装绝缘垫，安装效果见图 2-9。

新设线槽与既有线槽交汇位置处施工阶段暂不安装线槽。线缆从既有线槽上方穿过，采用绝缘阻燃垫对新敷设电缆进行防护。

图 2-9　走线槽效果

2. 人员安排及实施步骤

人员安排及实施步骤见表 2-8。

表 2-8　人员安排及实施步骤

施工内容	计划使用施工方法	人员配置	主要工机具	特殊配合需求
走线槽运输至设备室	人工	技工 4 人，普工 6 人	小推车	—
走线槽铺排	人工		—	—
走线槽底座钻孔安装	电锤、人工		清扫工具、编织袋	—
走线槽底座取电钻孔固定	电锤、人工		接线盘、电锤	取电
走线槽切割加工	人工，须切割作业		接线盘、切割机等	动火作业、取电

3. 配合需求

未安装完毕的走线槽临时存放于电缆间。施工工具及手持电动工具使用收纳箱收纳后放置于电缆间或设备房。

4. 防护措施

安装走线槽前，将影响走线槽安装的静电地板清除干净。

电锤、切割设备等用电设备应在配备有断路保护装置的放线盘或三级配电箱上使用。

新设走线槽与既有走线槽发生碰撞时，先将新设走线槽在既有线槽位置断开，新敷设线缆在既有线槽上方敷设时采用阻燃胶垫包裹防护，待既有设备拆除后补齐缺失的走线槽。

新走线槽的切割作业，不得在设备机房进行，在站台层车站控制室外进行。动火作业、切割作业时，须配合屏蔽明火报警及烟感报警。

2.3.9　电缆引入及成端，站台、运转室线缆敷设

施工内容：①电缆间支架安装；②电缆间至设备房孔洞疏通、墙洞开凿；③增设电缆间、车控室等至设备房走线槽（根据现场实际需求）；④电缆引入；⑤至站厅层、车站控制室线缆敷设；⑥电缆成端、防雷接地；⑦发车指示器安装。

1. 至站厅层、车站控制室线缆敷设

车控室至信号设备室的线缆敷设在施工点内进行。各站电缆敷设根据现场既有桥架走向进行敷设。

梅溪湖西站电缆走向见图 2-10。电缆从信号设备室进入上行电缆间，从站台层经过上行电缆间进入站厅层，通过信号电缆桥架进入下行电缆间，再由下行电缆间进入车站控制室。

施工过程中，电缆跨房间交越需要穿过既有管道。穿过既有管道时，应采用阻燃胶垫进行防护。当天施工完毕后采用防火泥进行封堵。

运营结束后，电缆在既有槽道进行敷设。电缆敷设为两人小组，一人专门负责扶稳登高用梯子，另一人登高穿缆。

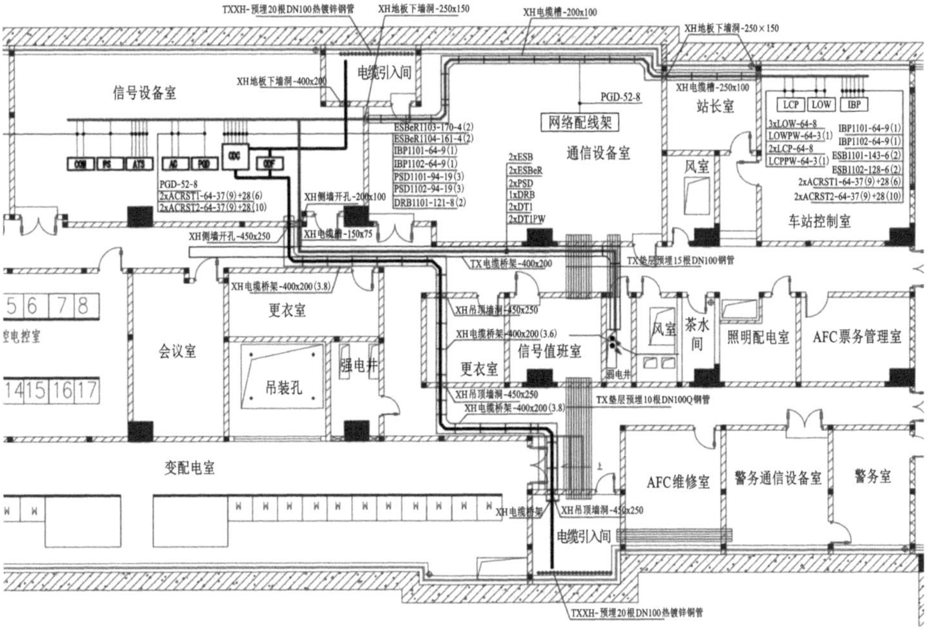

图 2-10　车站电缆走线（单位：mm）

电缆敷设注意事项：

（1）所有的控制线缆，走线都应与功率电缆分开。电缆走线强电与弱电分隔距离超过 500 mm，条件不满足时采取硬隔离措施。

（2）信号设备室内电缆的进线选用下走线的方式。

（3）电缆走线应该平直顺滑，不得出现扭绞、背扣等情况；电缆过孔洞须采用阻燃胶垫进行防护。

(4)电缆在桥架内敷设完毕后，须对既有桥架进行复原。

2. 光电缆引入及成端

电缆引入口处应采用防火、防鼠材料封堵严实。电缆加装机打白色铭牌，标识电缆编号、芯数、走向。

信号设备室光电缆余留量处理应符合下列要求：

(1)室外引至信号设备室的电缆余留量不应小于 5 m，光缆余留量不应小于 10 m。

(2)电缆间的电缆余留量应呈“U”形或“Ω”形布放，严禁盘成环状(光缆除外)，并标明电缆编号及去向。

(3)光电缆转弯及余留量的布放应均匀圆滑、整齐美观，不得有硬弯或背扣现象，并符合电缆弯曲半径的要求。

(4)楼层间光电缆应分段固定，分段间距不宜大于 2000 mm。

(5)光电缆在引入口处内侧应用防火胶泥封堵，外侧应用泡沫填充剂封堵。

(6)光电缆终端应加挂铭牌，并标明编号及去向。

(7)分线柜电缆的钢带、铝护套及内屏蔽层的屏蔽应接地。

3. 人员安排及实施步骤

人员安排及实施步骤见表 2-9。

表 2-9　人员安排及实施步骤

施工内容	计划使用施工方法	人员配置	主要工机具	特殊配合需求
电缆间支架安装	电锤、人工	技工 2 人，普工 4 人	接线盘、电锤	—
电缆间至设备房孔洞疏通、墙洞开凿	通棒、人工	技工 2 人，普工 4 人	接线盘、电锤、通棒	有需求时，通信设备房、站长室等电缆径路内房间进出配合
增设电缆间、车控室等至设备房走线槽(根据现场实际需求)	人工、须切割作业	技工 2 人，普工 4 人	接线盘、切割机、通棒	动火
电缆引入	人工、通棒、滑轮	技工 2 人，普工 10 人	通棒、滑轮	—

续表2-9

施工内容	计划使用施工方法	人员配置	主要工机具	特殊配合需求
至站厅层、车站控制室线缆敷设	人工、通棒、滑轮	技工 2 人，普工 10 人	通棒、滑轮	进入站厅层至站厅层施工
电缆成端、防雷接地	人工	技工 2 人，普工 2 人	压接工具	—
发车指示器安装	电锤、人工	技工 1 人，普工 2 人	接线盘、电锤、安装小工具	进入站台端门施工（不下轨行区）

4. 配合需求

电锤、切割设备等用电设备应在配备有断路保护装置的放线盘或三级配电箱上使用。

未安装完毕的走线槽临时存放于电缆间。施工工具及手持电动工具使用收纳箱收纳后放置于电缆间或设备房。

5. 防护措施

特种作业人员入场施工前须办理入场施工手续；走线槽安装前将影响走线槽安装的静电板清除干净。

墙洞开凿使用电锤施工，施工时及时清扫掉落混凝土。

电缆引入施工、站厅层电缆敷设：在电缆径路每个拐点位置须安排工人牵引线缆，两个拐点之间距离超过 20 m 时每隔 20 m 设置定滑轮；顶部走线时，注意施工安全，避免生拉硬拽。

站厅层电缆敷设登高作业时，每个登高人员必须有专人扶梯。

登高人员进入吊顶层后须将安全带系在吊顶主龙骨或其他主体支架上方。

发车指示器安装不得遮挡既有发车指示器显示，新设发车指示器使用阻燃防火布包裹捆扎严实。

车站控制室线缆敷设施工对车控室静电等设施造成影响的，当天施工当天恢复；不影响正常运营且当日无法恢复的设施，使用雪糕筒进行临时防护。

2.3.10 机柜布线

施工内容：①配线电缆及材料至设备室；②固线器安装；③线缆敷设；

④线缆引入新机柜；⑤线缆引入既有机柜；⑥新机柜分线、配线；⑦既有机柜分线；⑧接地箱安装、机柜防雷接地。

2.3.10.1 配线施工

1. 施工程序与工艺流程

室内机柜配线施工程序与工艺流程如图 2-11 所示。

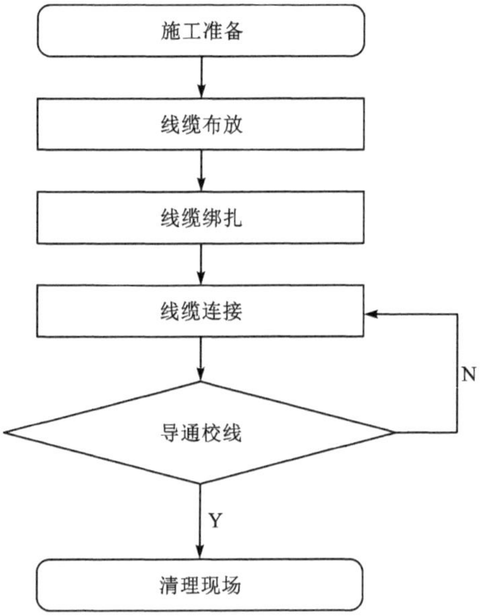

图 2-11　室内机柜配线施工程序与工艺流程

2. 施工要求

(1)施工准备。

检查线槽内绝缘胶垫符合安装需求。

(2)线缆布放。

1)作业人员熟悉机柜编号、端子的位置及各种配线图，了解每个部分用线规格及型号。

2)不同类型的配线要分批布放，其顺序依次为：电缆、电源线、通用线或屏蔽电缆、屏蔽线。

3)布线作业应配备足够人员：专人看图指挥，指定布线始、终端负责人员，线槽转弯处要有人转接。

4)当同时布放多根线时，在线的端头做标记。

5)布线时，负责始端和终端的人核对线缆的起止位置和所布放的线缆是否正确。布线到位后，始端作业人员负责留足做头量，指示其他作业人员将线的各处余量向后轻拉；待线自然顺直，松紧适宜时，负责终端的人留足做头量后断线。

6)放线工作完成后，检查是否有遗漏错放。检查方法可对照图纸查线缆根数或对号牌的方法确认。

(3)线缆绑扎。

1)走线槽内线缆整理。

当确认机柜之间线全部放完之后，要进行整理绑扎。绑扎时要注意配线图中的说明，在线槽内应分开放置。屏蔽线、软电缆、电源线及地线分别放在线槽内，布放整齐、平顺。槽内布线见图 2-12。

2）电源线绑扎。

各机柜电源线按照配线端子的位置均匀分布，保持平顺整齐，见图 2-13。

图 2-12　走线槽内线缆布放

图 2-13　电源线绑扎

（4）线缆连接。

1）分线柜配线。

电缆从防静电地板下引入分线柜。

电缆的成端制作、电缆接地连接（铝护套、钢带）完成后。将电缆固定在分线柜下固定架上。

根据电缆配线图进行电缆分线。

电缆芯线与室外导通、测试，确认正确后与端子连接。

线槽至端子配线按规定长度做到相同的弧度。插接时剥去 8～10 mm 长的绝缘外皮，插接完成后检验配线连接牢固程度。

2）组合柜配线。

每一组合根据配置的 3×18 位侧面端子，固定对应的穿线板，去端子的配线暂时穿在对应的穿线孔中，待配线放齐并核对正确后再连接到端子上，见图 2-14。

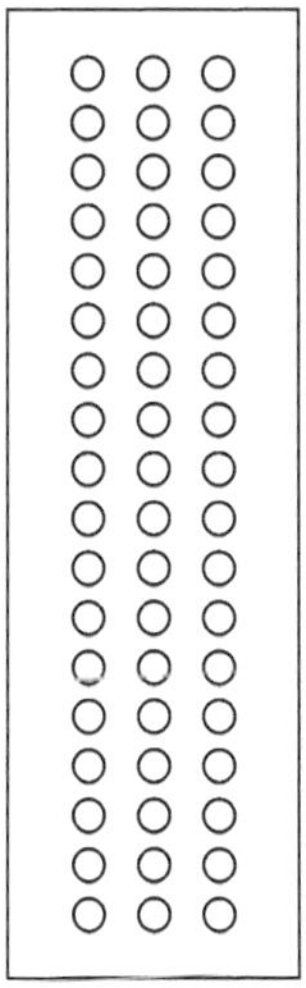

图 2-14　侧面端子穿线板

侧面端子配线时，使用专用卡尺。卡尺卡在侧面端子左侧或右侧，按照卡尺标示的端子位置留好配线长度，保证每一组合的侧面配线长度都能保持一致，见图 2-15。

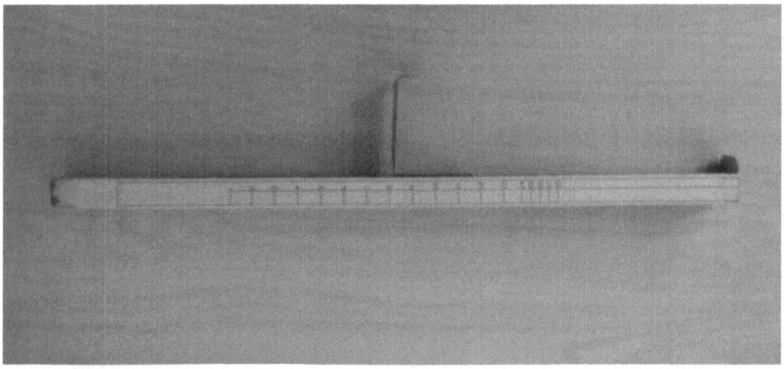

图 2-15　侧面端子配线卡尺

3）接口柜线缆连接。

①按照接口端子布置，将配线电缆留好合适长度。

②对照联锁机柜及微机监测机柜端插接端子的芯线分配，并与插接端子插接好。

③按照设计文件将插接端子与底座插好，并紧固螺栓。

4）控制设备的安装与配线。

控制台、显示设备、应急盘、计轴复位按钮盘等控制设备的安装位置应与设计图纸相符，设备安装要牢固、平整，便于操作。

①设备接地接到综合地线上。

②设备配线：

A. 采用线缆的型号及其截面积应符合设计规定；

B. 不得有中间接头和绝缘破损现象；

C. 布放时无背扣，顺直不扭绞，应留有适当的做头备用量；

D. 剥切电缆，不得损伤芯线外层绝缘；

E. 在铭牌上标明电缆引出端的去向；

F. 屏蔽线的屏蔽层应与规定的屏蔽端子连接良好。

③键盘、鼠标、按钮动作灵活、接触良好。

④显示设备安放平稳，设备最外边沿不应超出操作台的边沿。

⑤设备间连接线缆的防护应符合设计要求。

⑥显示正确，不得出现乱码显示。

5）微机监测设备的安装与配线。

设备机柜、显示设备、打印设备的安装位置应与设计图纸相符，设备安装要牢固、平整。

①设备接地接到综合地线上。

②设备配线：

A. 采用线缆的型号及其截面积应符合设计规定；

B. 不得有中间接头和绝缘破损现象；

C. 布放时无背扣，顺直不扭绞，应留有适当的做头备用量；

D. 剥切电缆，不得损伤芯线外层绝缘；

E. 在铭牌上标明电缆引出端的去向；

F. 配线要求整齐、美观。

（5）导通校线。

1）按照设计文件，使用万用表对配线逐条进行校验。

2）配线与图纸不符的，按照图纸进行修改。

2.3.10.2　防雷及接地施工

地线系统包括控制中心、正线车站及区间、车辆段、试车线、维修中心等信号设备的地线。

本工程各车站室内信号系统地线接入新设接地端子箱，新设端子箱接入既有防雷端子板位置，见图 2-16。

区间设备就近接入区间既有贯通接地扁钢，在各车站使用 95 mm^2 钢缆将接地扁钢与综合接地系统连接。区间设备接入接地采用冷压环冷压后栓连至接地扁钢。

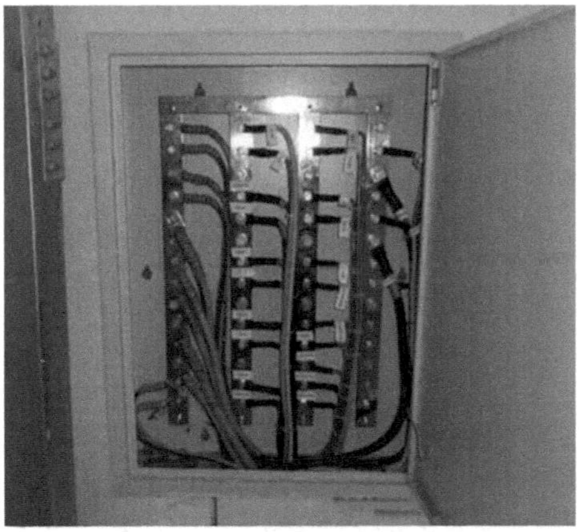

图 2-16　接地

1. 施工要求

(1)信号设备接地导线上严禁设置开关、熔断器或断路器。

(2)接地端子须设置用途铭牌，接地线宜采用黄绿色多股铜芯塑料绝缘线。

(3)防雷元件的规格、型号、数量符合设计和订货合同的要求。

(4)防雷元件合格证等质量证明文件应齐全。

(5)防雷元件的安装位置、方式应符合设计要求。防雷元件的安装应牢固可靠、便于检测，其他设备不得借用防雷设备的端子。

(6)防雷元件表面无变形、无损伤。

(7)防雷元件连接牢固。

(8)信号设备的防雷元件安装及配线应按下列要求施工。

1)防雷元件与被防护设备之间的导线应采用阻燃线，路径应短捷、不留余长。

2)并联型防雷保安器与被保护设备端子连接线截面积不小于 1.5 mm^2，连接线长度不宜超过 500 mm，受条件限制时可适当延长，但严禁超过 1500 mm。采用凯文接线法时，防雷保安器接地线长度不应大于 1000 mm。

(9)电源防雷。

1)单相稳定电流小于 100 A 的机房，电源线与防雷箱的连接线长度不宜大于 500 mm，受条件限制连接线长度在 500～1000 mm 时，应采用凯文接线法连接。防雷箱接地线与电源保护地线(PE)连接，并就近与接地汇集线连接。

2)连接线采用塑料外护套多芯铜线，第Ⅰ级连接线截面积不小于 10 mm^2、第Ⅱ级不小于 6 mm^2、第Ⅲ级不小于 2.5 mm^2。

(10)信号传输线防雷。

1)电缆金属护套和屏蔽层应与分线盘接地汇集线连接，使用中的电缆芯线经防雷保安器接地端子与接地汇集线连接。

2)信号传输线上设置的防雷保安器接地线必须与被保护设备金属外壳连接，连接线采用标称截面积不小于 1.5 mm^2。多股铜芯塑料绝缘软线，长度不大于 200 mm，并就近与接地汇接线连接。

(11)应答器室内防雷单元应固定安装在机房分线柜上或专用防雷柜内，具体位置应符合设计要求。

(12)室内信号设备的接地应按下列要求施工。

1)电源屏、控制台、各种机柜、控显设备等所有室内设备必须与墙体绝缘，其安全地线、防雷地线、工作地线等应以最短距离分别与接地汇集线连接。

2) 金属机柜/架采用不小于 10 mm^2 多股铜导线与本机柜/架下的等电位铜排栓接，等电位铜排采用不小于 50 mm^2 带绝缘外护套的多股铜芯线或 30 mm×3 mm 铜排就近与接地汇集线连接。

3) 设备门体、槽道与机柜/架主体部分应进行等电位连接。

4) 室内设备地线连接后，应进行接地电阻测试，接地电阻不得大于 1 Ω；根据测试结果填写测试记录。

(13) 电源引入防雷接地应按以下要求施工。

1) 电源引入防雷箱外壳与防雷箱内接地端子间采用截面积不小于 6 mm^2 铜导线连接。

2) 电源引入防雷箱内接地端子可直接就近与综合接地端子或环形接地装置单点冗余连接，连接线应采用截面积不小于 50 mm^2 铜导线。

3) 当室内设有电源引入防雷接地汇集线时，电源引入防雷箱内接地端子可直接与电源引入防雷接地汇集线连接，连接线应采用截面积不小于 50 mm^2 铜导线。

(14) 电源屏、防雷分线柜接地应按以下要求施工。

1) 电源屏外壳与屏内接地端子间采用截面积不小于 6 mm^2 铜导线连接；屏内接地端子就近与接地汇集线采用截面积不小于 50 mm^2 铜导线连接。

2) 信号设备防雷采用截面积不小于 6 mm^2 铜导线与防雷分线柜内的接地汇集板连接。

3) 电缆钢带、铝护套及四芯组屏蔽层环连后，采用截面积不小于 6 mm^2 铜导线与防雷分线柜内接地汇集板连接。引入设备房的电缆长度大于 5 m 时，应在电缆引入口处，将电缆钢带剥开，并用连接线截面不小于 25 mm^2 的绝缘电线或多股电缆就近与综合接地端子连接。

4) 防雷分线柜内接地汇集板应就近与综合接地端子或专用接地汇集线相连接，连接线应采用截面积不小于 50 mm^2 铜导线。

(15) 机柜/架等电位连接应按下列要求施工。

1) 机柜/架外壳、各种屏蔽线的屏蔽网应共用一个接地汇集线，并采用栓接方式连接。

2) 屏蔽线应单端接地，屏蔽层宜从横向出线处剖开。同架屏蔽线间采用截面积不小于 0.75 mm^2 铜导线连接后再接至零层接地端子，每架零层接地端子分别与接地汇集线单独连接。

3）接地汇集线应就近与综合接地端子相连接，连接线应采用截面积不小于 50 mm^2 铜导线。

2. 施工实施

各种机柜等所有室内设备必须与外墙体绝缘，其安全地线、防雷地线、工作地线等以最短距离分别就近与接地汇集线连接。

金属机柜采用（以本工程施工图为准）多股铜导线（黄绿相间外护套）与接地汇集线连接。

设备门体、槽道与机柜主体部分应进行等电位连接。

信号室内机柜及配电箱采用 WDZB-BYR 25 mm^2 型接地线缆与室内接地箱连接。

机柜的防雷接地线、屏蔽接地线应与机柜绝缘，并采用星形结构连接。即机柜的防雷接地线、屏蔽接地线单独连接到室内接地端子箱接地端子排上。

同一排机柜的保护接地采用串接，其中一个端头机柜接地线缆连接至室内接地端子箱接地端子排上。

配电箱设置单独防雷接地线与单独保护接地线，分别连接至室内接地端子箱接地端子排上。

考虑电气安全因素，设备用房内所有设备的金属部分都必须与室内接地端子箱连接，且地线应远离 UPS、电源屏等电源设备，见图 2-17。

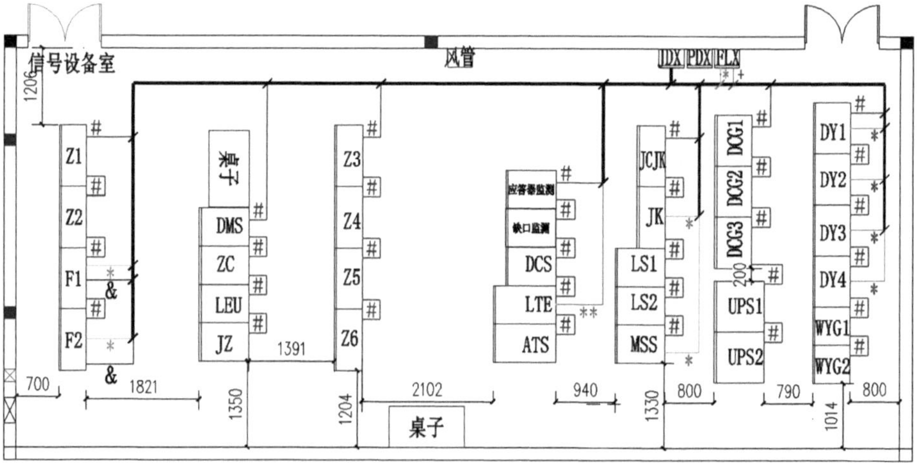

图 2-17　防雷接地施工设计（单位：mm）

2.3.10.3　模拟盘的安装及试验

模拟实验使用模拟盘设置在新设备分线盘旁。根据各车站及区间设备布置，绘制模拟试验盘平面图。使用钮子开关、LED 灯、金属膜电阻、整流二极管、电容等器材，分别模拟轨道、信号机、道岔等。使用微机电缆构建模拟电路，并根据现场实际编制模拟电路配线表。

1. 信号机

在模拟盘上安装 LED 灯泡，以颜色区分灯位。从分线盘每架信号机点灯线端子分别引至模拟盘对应灯泡，回线在模拟盘封连后，接回分线盘回线端子，见图 2-18。

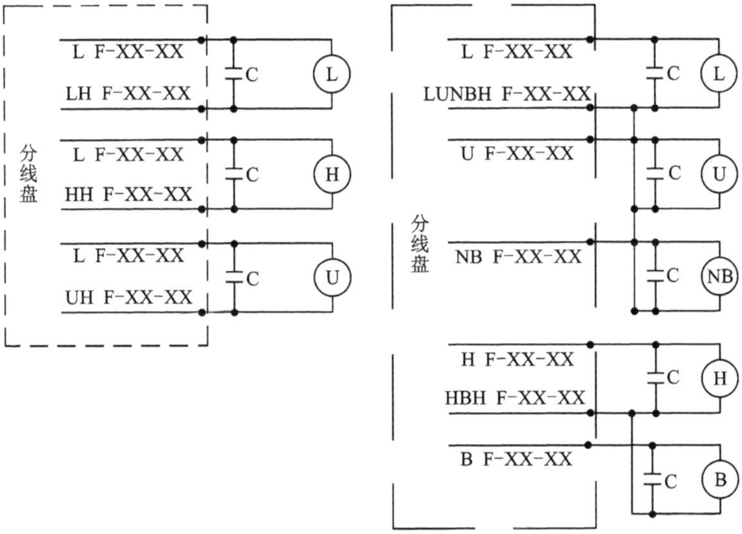

图 2-18　信号机模拟电路

2. 计轴轨道电路

(1)把连接了计轴主机的 GJ 轨道继电器的驱动线全部拆掉。

(2)做一个计轴模拟盘，每一个 GJ 轨道继电器可以用拨挡开关控制、供电。

(3)连接拨挡开关到 GJ 轨道继电器的线。

(4)根据计轴轨道电路的工作原理进行计轴轨道电路模拟条件的制作。

①将计轴机柜至室内继电器组合柜的配线在组合柜侧面端子处断开。

②依据电路图将所有轨道继电器的线圈 4 对应的侧面端子在侧面进行环接，尾端引出线接至 KF24V 直流电源。

③将模拟盘环接的所有轨道钮子开关的中接点与组合架 KZ 电源、钮子开关前接点连接后，再接到组合侧面相应轨道区段线圈 1 配线端子。钮子开关抬起回路，使继电器吸起。这样钮子开关即可控制轨道继电器的吸起和落下，用以模拟室外列车运行状态。

3. 道岔

道岔表示模拟电路采用钮子开关闭合，开路分别模拟表示道岔有、无，表示电路中串入整流二极管 IN4007-1A 模拟表示道岔定位、反位。

五线制道岔表示电路见图 2-19，五线制道岔表示模拟电路构建如下。

①交流转辙机道岔，将分线盘端 X_1、X_4、X_5 环接作为表示公共线接至模拟盘所属道岔表示控制钮子开关中接点上。

②将两个二极管正负极相连，公共端接至钮子开关前接点；二极管正极接至分线盘 X_2 端子上，负极接至分线盘 X_3 端子上。

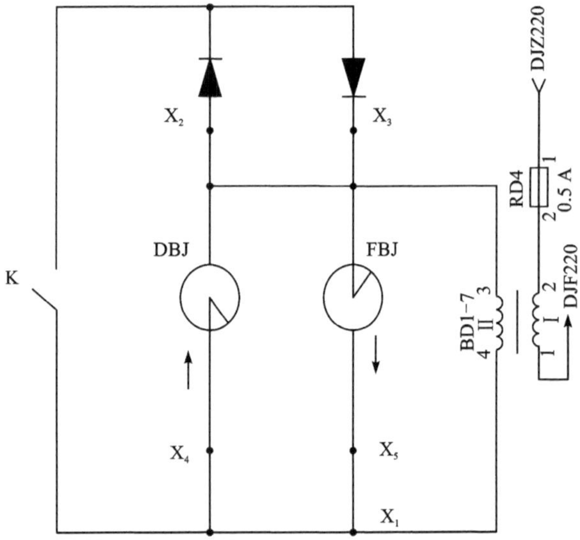

图 2-19　五线制道岔表示电路

4. 站台屏蔽门、紧急停车按钮箱、自动折返按钮、防淹门等模拟条件的构建

采用钮子开关(K)的闭合、开路状态模拟相应继电器落下，闭合状态模拟相应继电器吸起。

2.3.10.4　人员安排及实施步骤

人员安排及实施步骤见表 2-10。

表 2-10　人员安排及实施步骤

施工内容	计划使用施工方法	人员配置	主要工机具	特殊配合需求
配线电缆及材料至设备室	小推车	技工 8 人，普工 4 人	小推车	—
固线器安装	手枪电钻、人工		手枪电钻	—
线缆敷设	人工		—	—
线缆引入新机柜	人工		—	—
线缆引入既有机柜	人工		—	特别盯控
新机柜分线、配线	人工		—	—
既有机柜分线	人工		压接钳	特别盯控
接地箱安装、机柜防雷接地	人工		压接工具	—

2.3.10.5　配合需求

(1)未安装完毕的走线槽临时存放于电缆间。施工工具及手持电动工具使用收纳箱收纳后放置于电缆间或设备房。

(2)未敷设完的线缆须临时存放在设备房或其他合适位置。

(3)不涉及既有机柜、不影响既有设备正常运行的机柜布线在白天进行。

2.3.10.6　防护措施

(1)单个车站施工时，新系统配线及线缆施工完毕前不进行既有机柜的线缆引入施工。

(2)原则上机柜不考虑二次移设。因施工条件受到限制，存在短距离

移设时，线缆敷设考虑移设长度，预留出移设所需线缆长度并盘留在机柜下方。

(3)受既有施工条件影响，线缆跨过既有线槽时，采用阻燃胶垫进行防护。阻燃胶垫使用铁丝进行捆扎固定。

(4)白天进行机柜布线施工时，只允许进行新设机柜布线，不得对既有机柜进行布线。

2.3.11 设备安装

施工内容：①继电器、工控机、服务器、显示终端等设备运输；②继电器、工控机、服务器、显示终端等设备安装。

1. 人员安排及实施步骤

人员安排及实施步骤见表 2-11。

表 2-11 人员安排及实施步骤

施工内容	计划使用施工方法	人员配置	主要工机具	特殊配合需求
继电器、工控机、服务器、显示终端等设备运输	人工	技工 6 人，普工 2 人	螺丝刀等安装小工具	—
继电器、工控机、服务器、显示终端等设备安装	人工		螺丝刀等安装小工具	—

2. 配合需求

继电器、工控机、服务器、显示终端等不涉及既有机柜、不影响既有设备正常运行的设备安装在白天进行。

3. 防护措施

(1)施工过程中及时清理继电器、工控机、服务器等外包装。

(2)每次进行不超过 3 个机柜的机柜内部设备安装，安装完毕后进行机柜内设备安装。

2.3.12 室内线缆校线、导通

施工内容：室内线缆校线、导通。

1. 人员安排及实施步骤

人员安排及实施步骤见表 2–12。

表 2–12　人员安排及实施步骤

施工内容	计划使用施工方法	人员配置	主要工机具	特殊配合需求
室内线缆导通校线	万用表、绝缘表、人工	技工 4 人	万用表、绝缘表	—

2. 配合需求

室内线缆校线、导通等不涉及既有机柜、不影响既有设备正常运行的新系统校线工作在白天进行。

3. 防护措施

(1) 严禁导通既有线缆。

(2) 室内导通校线分组不超过 4 组，每次进行不超过 4 个机柜校线、导通。

2.3.13　室外线缆校线、导通

施工内容：室外线缆校线、导通。

1. 人员安排及实施步骤

人员安排及实施步骤见表 2–13。

表 2–13　人员安排及实施步骤

施工内容	计划使用施工方法	人员配置	主要工机具	特殊配合需求
室外线缆导通校线	万用表、绝缘表、人工	技工 4 人	万用表、绝缘表	—

2. 配合需求

须进入轨行区进行校线、导通工作。

3. 重点注意事项

该阶段只进行新设备校线、导通工作，不进行既有设备校线、导通工作。

2.3.14 设备上电

施工内容：设备上电（须动力照明专业同步配合）。

人员安排及实施步骤见表2-14。

表2-14 人员安排及实施步骤

施工内容	计划使用施工方法	人员配置	主要工机具	特殊配合需求
设备上电	万用表、绝缘表、人工	技工4人	万用表、绝缘表	高风险，须有专人配合盯控

2.3.15 施工工艺

1. 机柜安装标准

（1）设备底座加工高度为300 mm（静电地板平齐），不得阻挡机柜下线孔，设备底座侧面应加角钢以支撑静电地板安装；加工制品完成后除毛刺及倒角，然后进行整体热镀锌处理，以防锈蚀。

（2）设备底座加工镀锌完成后，运抵现场进行安装；根据室内设备布置图将底座进行拼装固定，两底座间水平偏差不大于3 mm；每一排设备距墙面的距离及排与排之间的距离，按照设计图纸的要求进行安装（除去二次移设的机柜）；底座安装完成后须保证整体为横平竖直，不能有凹凸，底座着地不悬空。

（3）底座使用不锈钢材质，型号为M12 mm×100 mm的膨胀螺栓进行固定。

（4）在满足设计距离要求的条件下，设备布置应尽量考虑静电地板的布局，让电缆钢槽能够靠近机柜并能掀开地板露出电缆槽敷设线缆。

（5）机柜（架）安装应横平竖直，垂直偏差不应大于机架高度的1‰。

（6）同排各种机柜（架）正面处于同一平面、底部处于同一直线。

（7）设备机柜应安装在底座上，机柜与底座间使用M10或M12的不锈钢螺栓固定牢固。

（8）电源移设时，电池柜等临时摆放的机柜与墙壁应预留出10 cm，以留出运营维护空间。

2. 室内线槽安装

（1）线槽不能紧贴地面，离地面高度应大于50 mm；采用等高几字形铁支架架空，支架两端用 M10 不锈钢膨胀螺丝固定在地面上。线槽与支架、线槽与线槽间均用薄头螺栓进行连接固定，以保证线槽的稳定性和线槽内连接的平滑性。

(2)线槽不能紧靠墙面，应距离墙面 50～100 mm。

(3)线槽不得在穿过墙壁处进行连接。线槽穿越楼板墙洞时，不应将其与洞口用水泥堵死，应该使用防火堵料进行封堵。

(4)线槽(架)间应用半圆头螺栓连接，螺母应在线槽的外侧。槽与槽之间、槽与盖之间、盖与盖之间的连接处应对合严密，线槽(架)连接处应采用接地编织线连接。线槽不应形成闭环，断开处采用酚醛板连接。线槽拼接处使用接地铜辫或地线连接，须测量保证所有线槽接地良好，见图 2-20。

图 2-20　室内线槽安装

3. 室内线缆敷设及配线

(1)室内线缆敷设的规格型号应符合设计和图纸规定，必须使用低烟无卤阻燃型线缆。

(2)室内敷设的所有线缆不允许有中间接头或露铜。机柜中所配置的线槽必须根据实际需求采用尽可能大的线槽，机柜引线孔也应该相应扩大，并加橡胶圈等防护措施；其中尤其要注意接口架及分线柜的线槽容量是否足够。

(3)室内地线至综合汇流排不得从室内线槽里经过，须尽量减短长度，可从线槽下方经过，并应做到横平竖直，整齐美观。

(4)室内线缆敷设时应排列整齐、美观、无背扣，顺直不扭绞、互不交叉，不得超过或与线槽顶部齐平，不得损伤线缆外护套，见图 2-21。

(5)室内线缆在机柜引线孔处开剥，使用阻燃绝缘胶皮包裹剥开处，并使用防火堵泥整齐封堵引线孔。(配线电缆中多余的芯线挽圈整齐余留在机柜下方。)

(6)信号设备房线缆使用阻燃尼龙扎带进行绑扎。尼龙扎带间隔合理、统一，绑扎松紧有度。在线槽转弯处，应该先拐弯让线缆扭力充分释放，再进行绑扎。如果该机柜有预配的内部线把，也应纳入一并整理绑扎。

(7)线缆从线槽引出后，按照配线位置将 01～03 端子上的配线分别绑成小

图 2-21 室内线缆敷设

线把，1~18 号端子上的配线安装由外向里排列。三个小线把绑好后合绑成一个大线把，三个线把按照 01~03、04~06 从里到外排列，绑扎间距均匀。线把绑好后用扎带将线把固定在端子板下方。

（8）所有线缆出线口、拐弯受力处须有防护措施，防止线缆长时间挤压后绝缘破损或刮伤。如在组合架侧面线槽出线口加 U 形胶条，见图 2-22。

（9）每个侧面端子板的每列端子上的线缆单独绑扎，曲线平滑，余量以可做 3 次头为标准，见图 2-23。

图 2-22 线槽出线口 U 形胶条防护

图 2-23 机柜侧面线把绑扎固定

（10）机柜配线端子采用万可端子；端子压接前必须检查工具性能是否良好；压接时根据不同线径使用配套的端子，压接端子不得外露导线铜芯、不得减短压针长度、不得污损或变形；端子芯线不得受伤或者少股；压接后必须检查外观压接是否牢固，线缆中间不得有绝缘破损和接头。

（11）室内配线不得在机柜内部线槽中余留，应该在端子接线处预留 3 次做头余量（根据绑扎工艺等因素决定），并在机柜下方余留半圈。机柜下面线缆余留半圈，不得成圈预留。

(12)室内各种屏蔽线，破开屏蔽层的配线不大于300 mm；线把与其他配线分开绑扎。

(13)分线盘电缆备用芯线须按最远距离余留。

组合柜零层配线、接口柜配线见图2-24、图2-25。

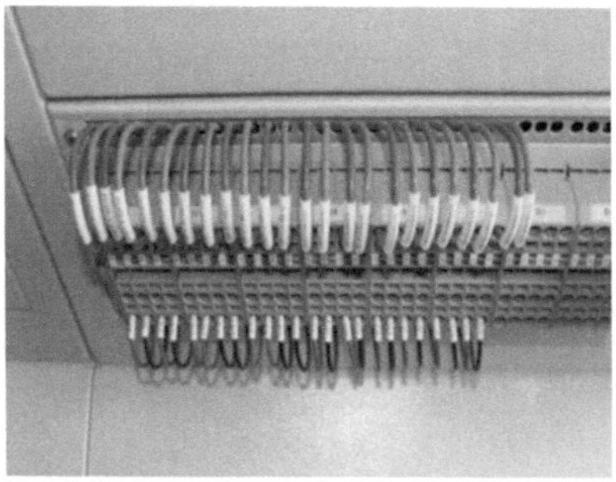

图2-24　组合柜零层配线

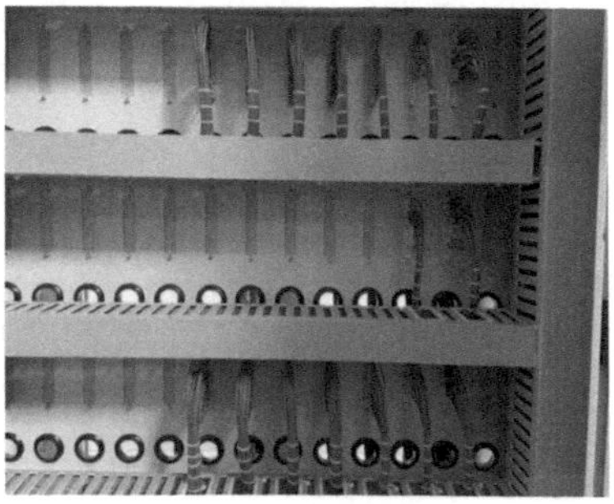

图2-25　接口柜配线

4. 标识铭牌

(1)信号设备的名称代号与图纸相符。

(2)信号设备的名称、代号、编号应用直体字，设备名称统一使用蓝底白字。

(3)各类标识均不得使用工程名标注。

(4)室内设备标识铭牌粘贴或捆扎在设备正上方，要求数字清晰、排列整齐。光电缆铭牌内容应包含所属联锁区站名、电缆用途、电缆长度、电缆型号、备用芯数、路径等内容。

(5)光电缆铭牌，要求美观、耐磨，铭牌字迹要求经久耐用。铭牌应两端穿孔以保证可以使用扎带固定，见图2-26、图2-27。

图2-26　光电缆支架铭牌悬挂

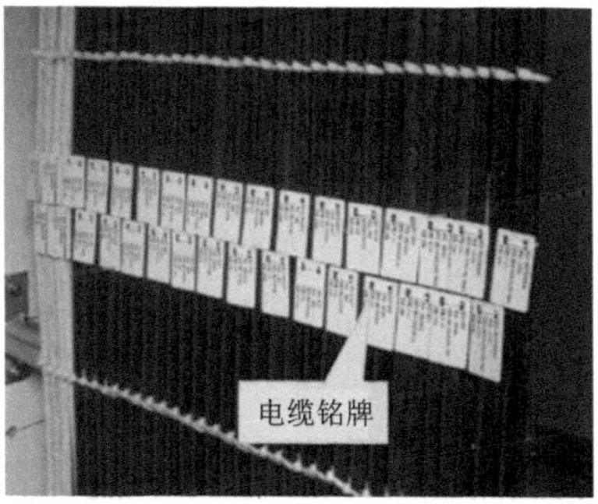

图2-27　光电缆引入铭牌悬挂

(6)室内配线使用白色套管(机柜出厂套管颜色以厂商出厂为准)，同种用途的套管大小、长度均匀一致；标明配线的来向和去向，包括电缆的屏蔽连接地线，以及综合汇流排上的地线，见图 2-28。

图 2-28　机柜安全地线套管标识

第 3 章

施工配合保障方案管理

3.1 施工配合保障方案编制管理

为长沙地铁 2 号线一期及西延一期工程信号系统改造工程各阶段施工组织有序、安全风险管控到位、对标施工质量可靠、突发应急情况下迅速响应，确保施工、行车、运营安全，须依据每次施工方案配套制定对应施工阶段配合保障方案。

3.2 施工配合保障方案审批管理

根据施工方案编制施工配合保障方案，依据运营公司管理规定组织各部门进行评审并发至各部门。

3.3 施工配合保障方案介绍

3.3.1 总则

第一条 本标准规范了长沙市轨道交通运营有限公司(以下简称运营公司)长沙地铁2号线一期及西延一期工程信号系统室内现场作业的管控。

第二条 本标准适用于长沙地铁2号线一期及西延一期工程信号系统改造工程室内现场作业人员。

3.3.2 现场人员工作职责

第三条 施工配合负责人

1. 掌握施工作业内容、所在地段、机械设备、人员、地形情况、安全生产注意事项，了解作业范围、影响范围、设备带电状态等，提醒施工单位、设备集成商、监理单位现场人员有效规避安全风险。

2. 负责协调解决施工作业中发生的问题，协调各专业施工作业，掌握施工作业进度，反馈现场信息，及时向综合调度和总施工负责人(如有)汇报施工作业情况。

3. 负责督促施工单位、设备集中商、监理单位现场人员履行职能。

4. 负责总结分析施工作业组织、进度和安全等情况，对施工作业现场的安全卡控负责。

5. 制定具有针对性的安全卡控、应急处置等措施，完善施工配合方案。

6. 施工作业现场巡查时，发现施工作业过程存在安全隐患应立即叫停作业。

第四条 室内配合人员职责

1. 组织集中站信号设备房施工作业面人员召开班前、班后会。

2. 组织施工人员进场、撤场，确保施工作业三清。

3. 督促现场施工单位遵守运营公司的相关管理规定，安全文明施工。

4. 督促施工单位按照方案要求进行施工，履职履责、安全、质量互控到位。

5. 确保集中站信号设备房设备安装符合设计、安装规范要求，施工安装设备不发生松脱事件。

6. 确保施工不得损坏、影响既有设备正常运行。

7. 做好现场工程计量，完成统计提报。

8. 填写方案相关互控表、集中站设备机房安装施工日志，收集提报作业面存在问题。

9. 做好现场突发应急情况下的应急处置。

3.3.3　室内作业管控要求

第五条　作业前管控

1. 组织室内作业施工人员召开施工作业前分会，做好参加人员签名登记、拍照、录音记录；交底本次施工安全风险源及安全防护措施，学习应急预案。

2. 确认工器具、物料种类及数量，组织施工人员进场。

3. 确认室内作业施工人员的精神状态良好、无饮酒。

4. 确认室内作业施工人员的劳保用品齐全。

5. 人员进出设备机房，进去时气灭切至手动位，同时进行手指口呼。

第六条　作业中管控

一、既有机柜保护

1. 施工开始前，既有机柜门须关好。

2. 施工开始前，既有机柜须贴好禁止触碰标识。

3. 计轴机柜附近禁止使用手机、电台等电子设备。

4. 机柜门无法关闭的，须用亚克力板做好防护。

5. 施工期间，不得倚靠在既有机柜上。

二、机柜、大型设备搬运

1. 设置隔离带、警示标语，防止非施工人员误入施工区域。

2. 运输配合人员应会同施工人员对运输路径进行核对确认，结合各车站通道、门洞大小合理规划路径，确保运输至指定房间。通道或门洞大小无法满足搬运要求时，应及时向施工配合负责人报告。

3. 机柜搬运过程中，运输配合人员全程现场监护。为避免碰撞到既有设备、设施，必须按照设定路线行进。

4. 施工中不得踩踏既有线槽，既有线槽处应设置警示标语。

5. 使用垂直电梯运输时，机柜不得超过电梯额定载重；尺寸不得大于电梯门洞尺寸，避免损坏设备。

6. 严禁使用自动扶梯运输任何设备。

7. 搬运过程中应充分考虑站内环境，避免磕碰、损坏既有设备、设施。

8. 单次运输遗留的废弃包装应在当晚由施工人员运输至市区允许的垃圾站点。

9. 如有危险废物（根据国家危险废物名录），应按照相关危险废物管理办法执行。

10. 针对单次搬运仍需使用的包装废物，应在使用完毕后统一堆放在空置房间，待施工完毕后由施工人员集中运输至市区指定地点。

三、机柜成品保护

1. 无机柜内部配线作业，机柜门不得打开。

2. 机柜进入既有设备房后，应将机柜散热口封堵好，防止灰尘进入。

3. 机柜进入设备房立好后，应用螺丝拧紧防止倾倒。

4. 施工结束后，应用布条盖好机柜。

5. 机柜搬运时，必须穿戴好手套。

6. 现场指定成品保护责任人，每天开工前后进行检查，并将检查情况在班后会上总结。

7. 合理安排工序，避免做重复工作。

8. 材料、设备搬运过程中应采取措施防止碰撞或损坏既有及新安装的机柜。

9. 机柜内部配线完毕后及时封堵进出电缆，并锁好柜门。

10. 每天施工结束后，用吸尘器对机房进行除尘。

四、拆除防静电地板

1. 搬运静电地板时，不得损伤既有机柜。

2. 静电地板拆除时，遇到支架在电缆槽或电缆旁边的须轻拿轻放，作业人员全程戴好安全帽。

3. 不得损伤既有线缆。

4. 静电地板拆除时，必须穿戴好手套。

5. 静电地板及支撑架，拆除后须统一存放整齐。

6. 搬运静电地板时，不得踩踏既有线缆。

五、线缆槽防护、卫生清洁

1. 作业前对既有线缆槽做好硬隔离措施。既有线缆槽盖板应盖好，槽上放盖板防止人员踩踏线缆槽。

2. 打扫卫生必须穿戴好手套，防止锋利物划伤手。

3. 卫生清洁时，应将既有机柜及成品机柜做好防尘。

4. 卫生清洁时，不得踩踏既有线缆。

5. 卫生清扫时应先屏蔽机房内烟感后再作业，清扫要彻底，不留死角。

6. 确须移动既有线缆槽的应轻轻移动，切勿幅度过大。

7. 作业工器具(刀、钳子等)切勿放置在线缆槽内，以免割伤线缆。

8. 线缆槽底部支架水平面在一条直线上，避免不在一条直线使得线缆槽变形。

六、室内机柜安装

1. 机柜安装前，应先确认底座是否固定好，膨胀螺栓紧固。

2. 机柜安装时，应先调校机柜状态，机柜与底座对齐、机柜垂直于地面、整排机柜排列整齐。

3. 机柜安装时，必须穿戴好手套。

4. 机柜安装时，须防止损伤机柜防锈漆。

5. 先使用红外线将支架定好位，水平垂直偏差在允许范围内。

6. 使用垫片等将机柜支架调平在同一水平面，机柜与机柜之间无缝隙，机柜各部件安装螺丝须拧紧。

7. 各部件安装完整，标志齐全。

8. 机柜内配线整齐美观，所有线缆有来去向标。

9. 柜内配线符合设计要求，严格按图施工。

10. 机柜安装完毕后，应检查柜门开关是否顺畅。

七、走线槽安装

1. 走线槽安装应在一条直线上。

2. 走线槽安装后，固定螺丝应紧固。

3. 走线槽内固线排安装时，螺丝孔下方不得有既有线缆。

4. 绝缘垫安装前，应将线槽内卫生打扫干净。

5. 走线槽两边均须安装连接垫片，并紧固好螺丝，连接好地线。

6. 安装应横平竖直，安装牢固；走线槽支架水平面在一条直线上，避免高低不平，使走线槽变形。

7. 走线槽支架按照 1～1.2 m 距离隔装；对于机柜前/后方线缆密集的地方，

应根据现场情况适时加装支架。

8. 走线槽终端须打磨和倒角，避免割伤电缆。

9. 施工结束后，设备房入口及过道处的线槽应临时盖上线槽盖板，防止其他人员进入房间时绊倒。

八、室内电源设备安装

1. 设备安装前，应先确认底座是否固定好，固定好后再用膨胀螺栓紧固。

2. 设备安装时，应严格按照蓝图施工，不得擅自修改。

3. 设备安装后，应先调校机柜状态，使机柜与底座对齐、机柜垂直于地面、整排机柜排列整齐。

4. 设备安装好后，不得立即连接市电。

5. 电源设备机柜接地电阻，应符合设计要求。

6. 按照施工蓝图配置端子进行配线安装，严格按照一个空开控制一个设备，不允许一个空开控制多个设备。

7. 配线时先接好负载端，再接电源端。

8. 配线结束后不得立即送电，须检查无异常后再配送电。

9. 电池连接时应一根一根串起来，不允许作业人员同时接触电池的正负极。

九、室内机柜配线

1. 施工人员必须按照施工蓝图进行施工，不得擅自修改；对于图纸存在问题的，将问题提报给中车，由中车人员对接设计院出具相关说明。

2. 每个配线端子都必须有标识牌，两端均有来去向标。

3. 每个端子接好后，端子不得露出铜线。

4. 每根铜线压接端子时，端子头必须压在电缆外皮上。

5. 施工结束后，须将机柜内废料清理出来。

6. 配线电缆应跟施工蓝图型号一致。

第 4 章

人员组织管理

4.1 运营人员管理

4.1.1 项目施工人员计划

根据现场实施组计划安排，确定改造项目实施的组织管理部门及改造项目现场专项配合部门。其他配合部门或专业根据施工内容辅助现场配合，保障既有设备设施安全。

4.1.1.1 实施组织部门人员计划

实施组织部门主要负责实施和监管。根据现场施工工作面安排情况，按照总体施工进度计划，项目实施管理人员配置见表 4-1。

表 4-1 项目实施管理人员配置

序号	岗位设置	配合方向	人员需求
1	信号改造项目管理室主任	项目技术方案总体协调	1 人

续表4-1

序号	岗位设置	配合方向	人员需求
2	信号改造安全管理室主任	项目安全管理总体组织	1人
3	信号技术工程师	技术方案协调	站内信号技术工程师(2人)
			轨旁信号技术工程师(2人)
			车载信号技术工程师(2人)
4	施工管理工程师	施工管理协调	2人
5	安全管理工程师	项目安全问题协调	设备安全工程师(2人)
			综合安全工程师(4人)
			行车安全工程师(4人)
6	合同管理工程师	合约管理专员	1人
7	资料管理员	资料配合专员	3人
合计			24人

4.1.1.2 专项配合部门人员计划

专项配合部门主要负责施工现场配合及安全防控，对现场的施工请销点、技术实施指导、安全防控进行现场配合及督查，保障既有设备设施的安全运营。根据不同施工阶段配置人员，项目实施配合人员配置如下。

1. 第一阶段人员配备计划

本阶段主要施工作业集中在光、电、漏缆敷设，室内设备安装，以及轨旁设备安装。本阶段单日单次作业点最大配合需求约30人每次。根据连续作业和白夜倒班制度，本阶段内预计需64(即30×2+4=64)人以上的施工负责专人。

2. 第二阶段人员配备计划

本阶段主要施工作业集中在系统单体调试、综合联调、新购列车调试。本阶段单日单次作业点最大配合需求约28人每次。根据连续作业和白夜倒班制度，本阶段内预计需59(即28×2+3=59)人以上的施工负责专人。

3. 第三阶段人员配备计划

本阶段主要施工集中在既有设备及过渡设备拆除，以及既有车辆改造测试。本阶段单日单次作业点最大配合需求约12人每次。根据连续作业和白夜倒班制度，本阶段内预计需 25（即 12×2+1＝25）人以上的施工负责专人。

4.1.2　项目配合人员管理要求

根据现场施工实际情况，项目实施组织部门、专项配合部门及其他配合部门或专业的参与人员，应明确配合职责，紧密协作，确保既有设备设施安全及施工进度高效推进。

4.1.2.1　实施组织部门人员管理要求

1. 信号改造项目管理室主任

（1）负责协调和管理工作，与改造项目各参建单位联系，协调好运营公司和集团其他部门、参建单位的关系，及时向上级汇报项目内外部环境的情况。

（2）组织审查合同文件，监督检查合同执行情况；根据合同文件监督检查监理单位和承包单位的人员工作情况、设备进场情况。

（3）负责牵头建立改造项目管理室工作制度。

（4）按照公司相关办法，做好施工过程中的工程变更和报批工作。

（5）负责牵头召开技术例会，协调解决设备设施技术问题。

2. 信号改造安全管理室主任

（1）负责协调和管理具体施工，与改造项目各参建单位联系，协调好运营公司和集团其他部门、参建单位的关系，及时向上级汇报项目内外部施工环境的情况。

（2）组织编制科室安全管理制度、现场安全检查标准，现场监督检查监理单位和承包单位的人员工作情况、设备进场情况。

（3）负责牵头建立科室绩效管理制度。

（4）组织制定各种紧急情况和事故情况下的应急预案。

（5）组织现场危险源识别及检查，形成危险源列表。

（6）负责组织召开监理例会，协调解决施工问题。

3. 信号技术工程师

（1）负责车站、轨旁、车载系统、信号系统相关设备的专业技术管理及变更管理，以及支付结算、随工验收等；组织相关部门技术人员对设计方案、图纸、施工方案进行技术审查。

（2）负责改造项目现场施工质量监督，组织编制质量监督标准；组织改造实施专业小组人员对施工质量进行质量卡控。

(3)负责解决现场一般问题，收集重难点问题提交监理例会协调解决；负责收集施工过程中的重难点问题，组织相关部门、承包商、设计、监理、施工单位等在监理例会上协调解决。

(4)负责项目技术管理、检查和监督，贯彻执行国家及行业有关规范及公司相关技术规范。

(5)负责对接监理、承包商、施工单位确定项目具体计划，并按计划落实。

(6)负责合同内相关设备设施计量，含本专业信号相关设备设施、本项目车站改造设备设施，以及核实施工单位、监理单位等提报设备设施清单量，如信号机数量、应答器数量等。

4. 施工管理工程师

(1)负责改造项目的车站现场施工计划管理，协调施工前组织、施工过程计划问题。

(2)负责编制施工协调流程，确保各专业工序衔接合理。

(3)根据改造项目的整体计划，负责对接监理、承包商、施工单位确定施工计划，编制各专业进场施工计划。

(4)牵头组织施工计划协调会，对各单位施工计划进行报批和调整，保证施工计划的合理性、有效性。

(5)负责统筹施工进场手续办理，配合参建单位做好人员进场工作。

(6)负责核实施工单位计划落实情况及数量统计，依据统计数量核对合同签订清单量，如施工单位人员投入量、新装设备数量、拆除设备设施数量等。

5. 安全管理工程师

(1)负责参与施工单位编制施工方案，做好施工前现场交底、施工过程把控。

(2)负责编制科室施工人身安全管理制度及施工作业标准。

(3)负责参与编制长沙地铁 2 号线信号系统改造消防安全卡控监督方案及应急处置方案，并组织相关人员参与演练。

(4)组织协调对施工单位、监理单位进行施工进场前的人员培训工作，对运营公司相关规章制度进行交底。

(5)负责督查监事、施工单位对施工消防安全开展风险源辨识，制定风险卡控措施；定期对施工调试现场进行安全检查，对存在的安全质量问题，组织实施整改，通报其中存在的问题。

(6)负责督查监事、施工单位对施工人身安全开展风险源辨识，制定风险卡控措施；定期对施工调试现场进行安全检查，对存在的安全质量问题，组织实施整改，通报其中存在的问题。

(7)在项目改造完成后，负责按照国家相关法规对接初期运营前安全评估单位，做好新系统初期运营前安全评估工作。

(8)负责记录现场配合施工时发现的问题，协调解决一般性施工问题，并按问题管理流程汇总提报重难点问题。

(9)负责记录现场配合施工时发现的问题，并按问题管理流程汇总提报。

(10)负责组织监理单位定期对施工调试现场进行安全检查，并分析总结；对存在的安全质量问题按批准的整改措施组织落实，通报其中存在的问题。

6. 合同管理工程师

(1)负责配合项目相关的招标工作。

(2)负责监督项目执行过程中的履约工作。

(3)负责配合项目执行过程中的合同计量汇总及进度款支付工作。

7. 资料管理员

(1)负责配合项目实施过程中的会议组织及文件审批流程管理。

(2)负责项目过程文件、竣工资料(含技术资料)等相关资料管理工作。

(3)负责相关科室的考勤、绩效、宣传、8S 等管理工作。

4.1.2.2　专项配合部门人员管理要求

1. 现场配合人员管理要求

(1)负责配合、监督施工单位人员按照运营公司相关管理要求办理请销点。

(2)监督各作业面施工进场、撤场，确保施工作业三清。

(3)参加施工作业班前总会。

(4)督促现场施工单位遵守运营公司相关管理规定，安全文明施工。

(5)确保轨行区设备安装符合设计、安装规范要求，施工安装设备不发生松脱、侵限事件。

(6)确保施工不得损坏、影响既有设备正常运行。

(7)督促施工单位按照施工方案要求进行，确保施工现场运营施工配合人员、施工单位盯控干部、施工单位作业工长、施工单位作业小队长、施工监理、总包单位现场负责人履职履责，安全、质量、计量互控到位。

(8)填写方案相关互控表、施工日志、施工日报，汇总提报当晚施工存在问题。

(9)现场突发应急情况下组织协调。

(10)检查施工现场服务人员到岗、工作完成质量、出勤时长，对存在问题进行考评。

(11)动态巡查作业包保区各作业面施工情况，对施工安全、质量关键点进行重点把控。

(12)每月检查现场安全质量问题不少于6条。

2. 现场配合行动指引

(1)当日10：00前，联系施工单位，沟通当晚施工相关事宜，获取外单位日施工方案。

(2)当日10：00前，将当晚的作业组施工配合人员(部门内部)信息反馈至施工负责人。施工负责人须将施工负责人姓名及联系方式、参加该项作业的所有作业人员姓名等反馈至综合机电部。

(3)当日11：00，组织当晚施工配合人员(部门内部)召开视频会议，安排施工任务。

(4)当日12：00前，编制当晚施工配合方案发总包单位现场负责人、监理、施工单位、配合部门、既有车间。

(5)当日14：00，由施工负责人(施工单位)复核停电工作票(作业组成员、作业地点、工作内容、作业时间、工作负责人、需停电设备)无误后反馈至综合机电部。

(6)当日21：00，由施工负责人(施工单位)接收综合机电部对相应车站OV柜闭合反馈。

(7)当日21：30前，由施工负责人(施工单位)与电调完成“接触网停电工作票”一致性的核对工作。

(8)当日22：30前，与地铁运行控制中心(operating control center，OCC)运营配合保障人员联系确认当晚施工项目方案内容，做好应急保障准备工作。

(9)在班前会召开前与施工配合负责人、监理代表、总包保障人员、施工单位施工队工长确认人员到位、物资到位、防疫情况是否良好，并填写《施工负责人现场卡控表》。

（10）作业前 60 min，参加由施工负责人（施工单位）组织的施工作业前总会，确认运营施工配合人员、施工单位盯控干部、施工单位作业工长、施工单位作业小队长、施工监理、总包单位现场负责人参会；施工配合负责人监督落实流程到位。

（11）接到各作业面分会召开完毕汇报后，确认施工区域设备设施运行正常，配合施工负责人（施工单位）到主站请点。

（12）与集中站施工配合员对进入信号设备机房的工器具进行数量清点。

（13）批点后，施工负责人（施工单位）向电调请令，通知施工单位挂地线；接到综合机电部地线核查无误的通知后，通知各作业面进场作业。

（14）V 形天窗临线有车运行时，作业人员在走行线路与行车线路间的，施工单位须安排专项安全防护人员进行防护；同时施工单位 OCC 盯控人员实时向现场防护人员通知来车信息。

（15）作业开始后，确认各作业面施工安全防护设置情况，重点监督设施设备质量控制点和关键部位、环节的施工，掌握作业人员动向、作业开展情况。

（16）施工负责人（施工单位）每 1 h，询问各作业面施工情况，防止出现延点作业、超方案内容作业等其他异常情况。

（17）作业中，对施工现场开展抽查，发现异常情况及时制止；督促总包保障人员、作业队工长、监理人员落实安全卡控职责，填写《施工负责人现场卡控表》。

（18）通过 800 MHz 通话和各作业面施工配合人员卡控施工进度。

（19）作业结束前 50 min，轨行区作业面施工队停工撤场，与施工配合人员、施工负责人（施工单位）确认所有作业有关人员已撤离，有关设备、设施已恢复正常，工器具、物料已撤走，防护措施已撤除，以及无妨碍行车和设备安全因素等条件。

（20）作业结束前 30 min，组织信号设备房作业面施工队停工撤场，与施工配合人员、施工负责人（施工单位）、监理、总包保障人员确认所有作业有关人员已撤离，有关设备、设施已恢复正常，工器具、物料已撤走，防护措施已撤除，以及无妨碍行车和设备安全因素等条件。

（21）与施工负责人（施工单位）、总包保障人员确认人员、工器具出清，以及设备设施运行情况，并填写《施工负责人现场卡控表》。

（22）与监理代表、总包保障人员、施工负责人（施工单位）确认施工区域设备状态是否正常，并填写《施工负责人现场卡控表》；与 OCC 保障人员确认施工区域设备设施状态是否正常。

(23)由施工负责人(施工单位)通知施工单位拆地线(具备资质人员)，接到综合机电部地线拆除核查无误的通知，确认人员物料出清后，向电调销令、向车站销点。

(24)销点后，参加由施工负责人(施工单位)组织的施工作业后总会，确认运营施工配合人员、施工单位盯控干部、施工单位作业工长、施工单位作业小队长、施工监理、总包单位现场负责人参会；施工配合负责人监督落实流程到位。

(25)详细记录每天的施工情况形成施工日报，记录施工日志及质量、计量记录情况以备查验。

(26)突发故障应急处置指挥协调：

1)向 OCC 汇报故障信息；

2)根据故障实际情况，下达施工停工指令，组织出清、销点；

3)组织故障恢复，协调备品备件运送，以及既有工班人员支援；

4)故障影响扩大至施工点后，立即向 OCC 汇报；

5)故障恢复后，安排人员保障值守至次日上午 9 点。

4.2 施工人员管理

4.2.1 项目安全人员安全管理要求

1. 项目施工安全培训上岗制度

凡新参加项目的人员，必须经过公司的一、二级安全教育并提供记录方可以到项目部工作。在参加现场工作前，必须接受项目部的安全教育方可进场施工。项目部的安全教育由项目部的安全管理人员进行，并建立安全教育记录。项目部安全教育主要针对本项目现场存在的安全注意事项、项目安全管理规定及现场安全隐患等内容。

2. 分包单位及外来人员安全教育

分包单位及外来人员进场作业前必须接受入场安全教育，考核合格后方可进场作业。教育内容主要为：现场施工生产特点、入场须知，所从事工作的性质、注意事项和事故案例，有关安全生产管理制度和发现紧急情况时的急救措施及报告方法，等等。对分包单位的安全教育，由项目部安全管理人员负责，并在工作中指定专人负责管理和检查。对进入施工现场参观人员的安全教育，由项目负责人负责，其教育内容为有关项目的安全规定及安全注意事项，并安排专人陪同。

3. 经常性安全教育

经常性安全生产教育形式可采用班前班后讲话、各种安全技术交底、播放录像等，结合上级部门要求和生产、施工任务开展安全生产经常性教育。

4. 季节性教育

由项目部结合季节特征、节假日前后员工容易疏忽而放松安全生产的规律，抓住主要环节，进行安全教育。凡是自然条件变化，大风、大雪、暴雨、冰冻或雷雨季节，应抓住气候变化的特点，进行安全教育。

5. 其他安全教育

新工艺、新技术、新设备、新产品等四新技术投产使用前，应对岗位和有关人员进行安全教育；经考试合格后，方可从事新的岗位工作。对于业主方或者其他单位涉及安全相关的外来文件，要及时宣讲传达教育。对脱离操作岗位(如产假、病假、学习、外借、待岗等)六个月以上重返岗位操作者，应进行岗位复工教育。对严重违章违纪员工，应送其单位安全管理部门进行单独再教育，经考察认定后，再回岗工作。参加特殊区域、高危场所作业的人员，在作业前，必须进行有针对性的安全教育。

4.2.2　专业岗位人员安全管理要求

4.2.2.1　轨旁专业要求

1. 专业安全作业要求

(1)轨旁作业：工服、安全帽、绝缘鞋、反光背心、手电筒(光线昏暗环境)、防尘口罩(如需)。

(2)室内作业：工服、安全帽、绝缘鞋、手电筒(光线昏暗环境)、防尘口罩(如需)。

(3)轨旁作业必须统一指挥，服从指令，不得随意自行改变作业内容和操作。

(4)室外作业必须有安全防措施，在作业区域设置红闪灯。

(5)轨旁作业时须防止高空坠物风险。

(6)严禁从其他专业高空、无防护的施工区域穿行。

(7)严禁从站台或逃生通道跳下。

(8)严禁触碰非本专业的室外设备，防止触电或损伤。

(9)轨旁所有接触网，通常带有高压电，禁止直接或间接(通过任何物件，如金属工器具、导线、水流等)与上述设备接触，至少保持 2 m 的距离；上线作业时，不得臆测接触网无电。

(10)轨旁作业时严禁踩踏车站内侧的漏缆(通常带有 380 V 的直流电)，应保持 1 m 的安全距离。

(11)严禁在机车或车辆底下、端部、铁路道心、钢轨上、枕木头、道床边坡、桥梁上、隧道内坐卧休息、行走乘凉、避风、避雪或避雨；严禁扒乘运行中的机车、车辆，以车代步；在线路上作业休息时，应到线路以外安全的地方休息。

(12)有指定安全线路的要走指定线路；禁止在道心、枕木头上行走，不准脚踏钢轨面、道岔连接杆、尖轨等。

(13)在轨旁行走时须观察周围环境，避开强电侧，在弱电侧行走；避开地面水渍，防止坠入坑洞或触电；禁止在轨面行走；严禁踩踏钢轨回流线或其他设备裸露线缆端子；严禁将长度超过 1 m 的金属工具竖立携带，须保持与钢轨平行。

(14)在轨行区行走时应走路肩；在道床上行走或工作时，应不断前后瞭望；在复线区间，应逆列车运行方向行走，并不断前后瞭望，禁止在邻线或两线中间躲避列车；在逃生通道行走时，须注意路面，避免跌落。

(15)轨行区躲避列车时，须在逃生通道上，或列车安全限界外站立；同时将随身携带的所有物品放置在限界以外，严禁工具或衣物侵入限界。

(16)在高架区间作业时，须在逃生通道行走，严禁靠近线路边缘，防止坠落；施工作业时应佩戴安全绳。

(17)不准在吊装范围内通行或停留；不准在六级以上强风时露天进行高处作业或起重作业；不准在高处随意投递材料、工具。

(18)在室外工作室，防护人员应随时与车站值班员联系；注意瞭望前后来车情况，掌握列车运行情况，并及时通知现场作业人员；现场作业人员接到防护人员的通知后，应立即停止作业，下道躲避。

(19) 横越线路时，必须执行“一站，二看，三通过”的制度；禁止从车辆下部或车钩处通过；在停留列车、车辆前部或尾部通过时，应与其保持 5 m 以上距离。

(20) 雷雨或暴风时，禁止在信号机和线路上作业；打雷时，禁止修理避雷器、地线。

(21) 冬季室外作业时，所戴防寒帽应有耳孔。

(22) 扛抬笨重物品时，每人负重一般不得超过 50 kg。

2. 现场定测、复测安全要求

(1) 行走时须避免钢卷尺卷入转辙机岔尖或钢轨固定螺丝内。

(2) 在轨行区避车时，须将钢卷尺放置在钢轨外侧，且在限界以外。

3. 转辙机调试安全要求

(1) 须避开转辙机动作区域，不能在岔区坐、站、行走，防止夹伤。

(2) 调试之前须与室内调试人员确认，防止转辙机误动。

(3) 室外调试转辙机之前须断开保护端子。

(4) 检查转辙机配线之前，须先断开电源，防止触电。

(5) 做转辙机密贴试验时，须使用专用工具，防止夹伤手指或损坏设备。

(6) 转辙机动作时(除密贴试验)严禁触碰动作机构。

4. 信号机、发车指示器调试安全要求

(1) 调试须防范触电；拆配线时，须断开室内电源；如需带电作业时，须使用专用带绝缘工具。

(2) 在调试高柱或半高柱信号机、发车指示器时，须注意防止高空跌落；根据高空作业要求，须佩戴安全带或安全绳；如使用移动梯子时，须有专人负责安全保护。

(3) 测试信号机显示距离时，眼睛不可直视信号机，防止损伤眼睛。

5. 应答器安全需求

(1) 避免长时间在有源应答器附近进行驻留，防止电磁辐射对人体产生影响。

(2) 无源应答器烧录报文时注意前后瞭望，防止交叉作业产生人身伤害。

(3) 调试时须防范触电危险。

6. 计轴、紧急停车按钮、屏蔽门等设备调试安全要求

(1)调试须防范触电；拆配线时，须断开室内电源；如需带电作业时，须使用专用带绝缘工具。

(2)屏蔽门接口调试时严禁触碰屏蔽门设备，所有涉及屏蔽门动作或故障模拟的操作，须由屏蔽门厂商技术人员负责执行。

7. DCS 室外设备调试安全要求

(1)调试须防范触电；拆配线时，须断开室内电源；如需带电作业时，须使用专用带绝缘工具。

(2)室外进行无线场强测试时，须使用绝缘杆，防止因距离接触网太近，造成触电。

(3)如需对安装在隧道壁上且距接触网距离小于 2 m 的 AP 天线或漏缆进行测试时，须先申请对接触网停电；接触网停电后，方可进行相关作业。

8. 室内作业

(1)在设备室装修未完成时(通风、消防、静电地板等未完成)，室内作业人员须穿戴安全帽、劳保鞋。

(2)设备室装修完成后，环境满足设备及施工要求时，可不佩戴安全帽，但须穿着劳保鞋。

(3)室内作业须做好成品保护工作，禁止踩踏设备、机柜、线槽、支架等物品。

(4)室内作业时禁止追打跑闹，防止跌落电缆坑洞或静电地板夹缝。

(5)机柜安装、拆卸柜内设备时，须提前断电，并做好防护，防止在作业过程中误上电。

(6)室内作业严禁采用明火，使用电烙铁、热吹风机等发热工具时，须避开易燃物品，防止火灾、烫伤等事故。

(7)室内作业需要拆配线检查时，须使用带绝缘保护的专用工具，防止误碰触电或短路。

9. 电源调试安全要求

(1)禁止进行带电配线检查。

(2)设备上电之前必须完成配线检查，确认无接地、漏电等现象，以及无人员接触电源线。

(3)设备上电后，须用警示标牌标识带电设备。

(4)测量电源电压、电流时，须防止身体或随身物品触碰带电物体。

(5)非专业人员禁止拆卸高压、带电容设备(例如电源模块、稳压器、UPS等设备)。

(6)禁止未经允许拉接临时电，包括机柜内部电源。

(7)工程实施用电时必须依据电源插座规定的负荷进行用电，不得超过电源插座规定的负荷。

(8)工程实施过程中，电源插座周围不得摆放易燃、易爆、液体或金属等物体，避免液体洒溅或金属物遗撒等原因使电源插座受损，产生漏电或短路现象。

10. 室内联锁调试安全要求

(1)严禁使用封连线。

(2)做室内模拟测试时，须断开室外线缆，并做好绝缘防护。

(3)因条件不足需要设置模拟条件时，所有的模拟线缆须用颜色鲜艳的线缆，并做好标识、使用登记。

4.2.2.2　车载调试作业要求

1. 日常安全要求

(1)车载调试作业时须穿戴：工服、安全鞋、安全帽(上车前及下车后)、反光背心、防尘口罩(如需)。

(2)调试中如需使用电源、非本公司设备等，须征得运行或维护使用人员的同意。

(3)具备车辆设备高压端子、危险区域识别能力，调试过程中须避开危险区域。

(4)在应答器主机上电的情况下，避免长时间在应答器天线附近逗留。

(5)安装拆卸车载机柜设备及端子时，须佩戴防静电手环，并先断电。

(6)作业中使用的检测设备、备品备件、仪表工具，要轻拿轻放，做到不磕碰、不剐蹭，不乱丢垃圾，以免损坏车辆内外设施；要爱护车内备品设施。

(7)遇有车顶或车下的故障需处理时，须请示运行或维护使用人员的同意，做到车体两侧派人员防护，车顶接触网断电，并升弓验电，确认接触网是否有电(车下作业可降弓断电，无须断接触网电)；如果由接触网供电，须在接触网断电后，才可进行检查。

(8)在车辆上作业人员，要坚持同去同归；有指定安全线路的要走指定线路，禁止在道心、枕木头上行走，不准脚踏钢轨面、道岔连接杆、尖轨等。

(9)禁止在机车行驶中检修机车外部的设备，禁止从行驶车辆上跃下。

(10)禁止在钢轨、枕木上和车辆下部休息。

(11)车内作业不得随意触碰车内设施，可不戴安全帽。

(12)车下作业必须佩戴安全帽，防止刮伤、碰伤。

(13)车顶作业戴安全帽、穿防滑鞋，防止跌落摔伤。

(14)作业后做到断电、料净、场地清，同时告知作业负责人，通报作业完毕。

2. 调试作业安全要求

(1)动车作业之前须按照作业要求进行请销单作业。

(2)调试前必须清楚调试区域和调试内容的范围，禁止进入非调试作业区域内和超范围调试。

(3)调试之前须进行安全讲话；动车调试须听从调试负责人指挥，严禁私自动车；严禁信号调试人员驾驶地铁列车，包括触控司机控制器、方向手柄、驾驶室钥匙等设备。

(4)动车之前须与中心或车站调试人员确认进路状态，信号开放后方可动车。

(5)做闯红灯试验之前，必须与地面调试人员沟通确认，须对道岔进行封锁处理(如软件道岔单锁、硬件加钩锁器等)。

(6)列车动车时，车载调试工程师须在驾驶室监督司机驾驶速度，严禁闯红灯、超速行驶(特殊案例测试需要时除外)。

(7)当需要控制列车越过移动授权终点时，须与地面调试人员确认，并得到授权后，方可进行。

(8)当列车需要退行时，车上调试人员须与地面调试人员确认后方列车位置及状态，确认安全后，方可进行。

(9)多车不同模式的追踪测试，车上调试人员必须服从地面调试人员安排。

(10)严禁切除列车自动防护系统(automatic train potection，ATP)行车，ATP 设备故障或进行相关 ATP 切除案例测试时除外。

(11)现场调试期间遇到紧急情况，如驶入无电区或车辆碰撞异物时，应立即停止作业并向上级领导汇报，同时做好现场安全防护。

4.2.2.3　库房作业要求

（1）库房管理员要提高安全意识，做到以防为主，以消为辅；库房内严禁烟火。

（2）明确安全责任人。消防器材、电源开关、照明装置等要经常检查，发现不良现象应及时反映，杜绝事故发生。

（3）转运人员必须三级教育后上岗，熟知轻拿轻放、重不压轻原则。

（4）工作前必须穿戴好防护用品，如安全帽、防砸鞋、手套等。

（5）转运人员严禁酒后上岗，搬运 50 kg 以上物品，必须两人或多人合力抬起或挪至托盘采用起重设备转运。

（6）在搬运大型设备过程中，应看清周围环境，防止发生挤压伤害，防止撞伤设备及他人。

（7）外单位人员原则上不准入库，确因工作需要入库时，应事先取得有关领导同意后才能入库，并需有关人员陪同；凡生产、工作需要入库的领料人员，领完材料后，不得在库房内逗留、闲谈。

（8）库房管理人员须坚持每日对库存材料巡视一次，发现异常及时处理和报告；下班时要切断总电源，确认门窗关好后方能离开，并做好防火、防盗、防泄漏的工作。

（9）叉车作业与设备装卸作业须符合行业操作规程。

4.2.2.4　现场作业管理要求

（1）对现场作业人员的作业安全进行监督管理，对作业现场的违规违章应及时制止。

（2）施工作业时，必须按《运营公司施工检修管理办法》等相关规定到车站、车辆段或 OCC 办理作业手续。

1）经运营公司确认过的施工方可以单独办理请销点手续和进行施工作业；如需进入轨行区或重要设备房（通信设备房、信号设备房、屏蔽门控制室、环控电控室、照明配电室、气瓶间、主变电所、变电所）作业，必须由运营公司归口管理部门或配合部门办理请点手续并由专人全程陪同。

2）未经批准，严禁擅自进入设备区、轨行区和区间风亭（井），严禁擅自通过区间风亭（井）进入轨行区。

(3)施工作业前，由运营公司归口管理部门施工负责人对现场作业人员进行安全技术交底；加强施工监督，发现不符合规定的情况应及时提出，发现危及安全的情况及时制止；现场作业人员要听从运营现场配合人员和属地管理人员的监督指挥，配合人员和属地管理人员有权终止违章作业。

(4)严格按《施工作业令》的作业地点、作业时间和作业内容进行施工；作业人员不得超出作业区作业，严禁超出所挂地线的保护区域、无故延长作业时间。

(5)作业结束后，要及时恢复现场设备设施，确认出清人员、线路，以防遗留物品；运营公司归口部门配合人员负责监督检查出清情况。

(6)作业需现场动火(明火、电焊、风焊等)时，必须办理“临时动火许可证”；操作人员必须持相应操作证，随身携带“临时动火许可证”，并按要求配备灭火器材；严禁在动火区堆放易燃物品，无法搬走的要采取隔离等安全措施，以防意外发生。

(7)需要临时用水、电时，按《运营公司临时用水、用电管理办法》执行。

(8)作业过程中发现其他安全问题、隐患，应及时向运营公司现场人员报告。

(9)所有现场作业须符合运营公司其他标准规范的规定。

4.3 施工配合人员管理

4.3.1 其他配合部门人员配置计划

其他部门根据施工作业内容进行对应的施工配合，在正线漏缆、电缆敷设过程中接触网专业应配合挂接地线等工作；工建专业、机电专业在本次信号改造的现场施工和配套施工中均涉及动力照明改造、车站装修改造、给排水及消防系统、通风空调、车站火灾报警系统(fire alarm system，FAS)改造、乘客信息系统(passenger information system，PIS)、自动化系统及既有信号系统设备改造等配套工程实施。配合人员计划见表4-2。

表 4-2　配合人员计划

序号	配合方向	人员需求
1	接触网专业	根据施工停电区域配置，连续作业最高配合阶段需要 20 人以上
2	工建专业	根据实际配合事项确定需求人数
3	机电专业	
4	既有线信号专业	
5	通信专业	
6	自动化专业	
7	站务专业	

4.3.2　其他配合部门人员管理要求

1. 接触网专业

负责正线施工区域配合挂地线等工作。

2. 工建专业

（1）负责车站装修改造设备设施安装检查。

（2）负责既有工建设备设施安全防护巡查和应急保障，包含区间隧道的打孔安装等。

3. 机电专业

（1）负责动力照明、给排水及消防、通风空调等改造设备设施安装检查。

（2）负责既有机电设备设施安全防护巡查和应急保障。

4. 既有线信号专业

（1）负责信号专业各类设备设施安装检查。

（2）负责既有信号设备设施安全防护巡查和应急保障。

5. 通信专业

（1）负责 PIS 改造设备设施安装检查。

（2）负责既有通信设备设施安全防护巡查和应急保障。

6. 自动化专业

（1）负责车站 FAS 改造设备设施安装检查。

（2）负责既有自控设备设施安全防护巡查和应急保障。

7. 站务专业

(1)负责车站请销点管理，协助开关端门及区间照明。

(2)负责车站属地管理，确保既有车站设备设施安全防护巡查和应急保障。

第 5 章

施工物料管理

5.1 物料进入管理

施工单位于施工前 1 个小时提前到达指定站点，并将工器具、物料按组分类摆放整齐(图 5-1)，同时每组准备好工器具、物料清单。摆放完毕后按照物料清单进行清点。物料清单一式三份，分别由运营车务部、运营通号部、中国通号保管。物料出清时对照物料清单进行核对。

图 5-1　工器具码放整齐

工器具、物料清点时，由中车时代、中国通号、监理单位、运营通号部、运营车务部五方人员共同清点核对，见图 5-2。核对无误后须签字确认，运营通号部施工配合负责人在施工班前会对物料进出管理进行安全交底，见图 5-3。

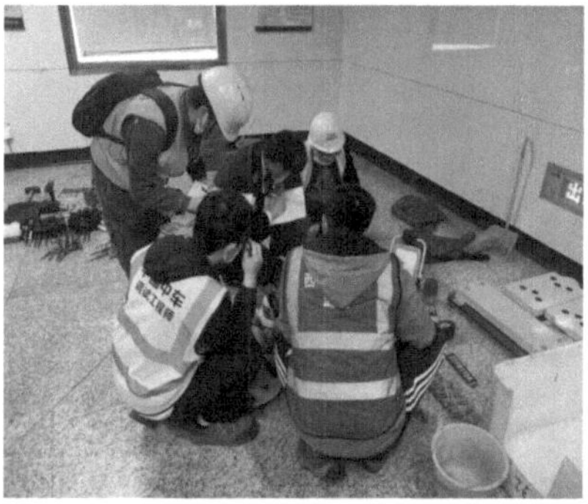

图 5-2　五方共同清点

图 5-3　班前会安全交底

5.2 物料出清管理

工器具、物料出清时仍按照分组清点，各组有序出清，并在站台将工器具摆放整齐。出清前由施工负责人提前联系车务部人员到场逐组进行清点，见图 5-4。

每组出清时由中国通号作业人员、运营通号部配合人员自行先大致清点一遍，确认工器具、物料无误后再联系运营车务部人员进行最终清点。

图 5-4　出清时物料摆放

5.3 物料消耗管理

信号改造项目施工中，使用的耗材较小、数量较多时，必须摆放整齐，以方便清点。由运营通号部、中国通号、中车时代、监理单位四方进行清点。在施工过程中由运营通号部人员记录每项耗材的使用数量，出清时核实使用数量与出清数量是否与进场时清点数量一致，确认无误后方可销点。

对于须安装的设备，由运营通号部配合人员登记设备编号，同时对比厂验的设备编号核实是否一致，见图 5-5。确认设备无误后方可进行安装。

图 5-5　运营通号部人员核实设备编号

第 6 章

施工工期管理

6.1 工期保障制度

6.1.1 工期进度把控原则

(1)在保障 2 号线既有运营服务前提下，科学组织、优化程序、加强管控，保障施工作业安全、有序推进。

(2)加强物料运输及存放、区间漏缆安装、联调联试、倒切试验及保障、贯通等重点施工作业管控与保障。

(3)全面梳理、识别施工安全风险，制定卡控措施，防控安全隐患。

(4)加强施工方案审查，严格落实“一施工，两方案”要求，加强施工作业技术方案和安全方案管理。

(5)建立应急处置保障体系，完善预案、人员、物资材料及工器具保障等，保障应急处置能力。

(6)加强监督检查及考核机制，督促各方单位严格履责，发现问题及时整改，共同保障项目实施安全、质量及进度。

6.1.2　工期保障制度要求

工期保障体系见图 6-1。

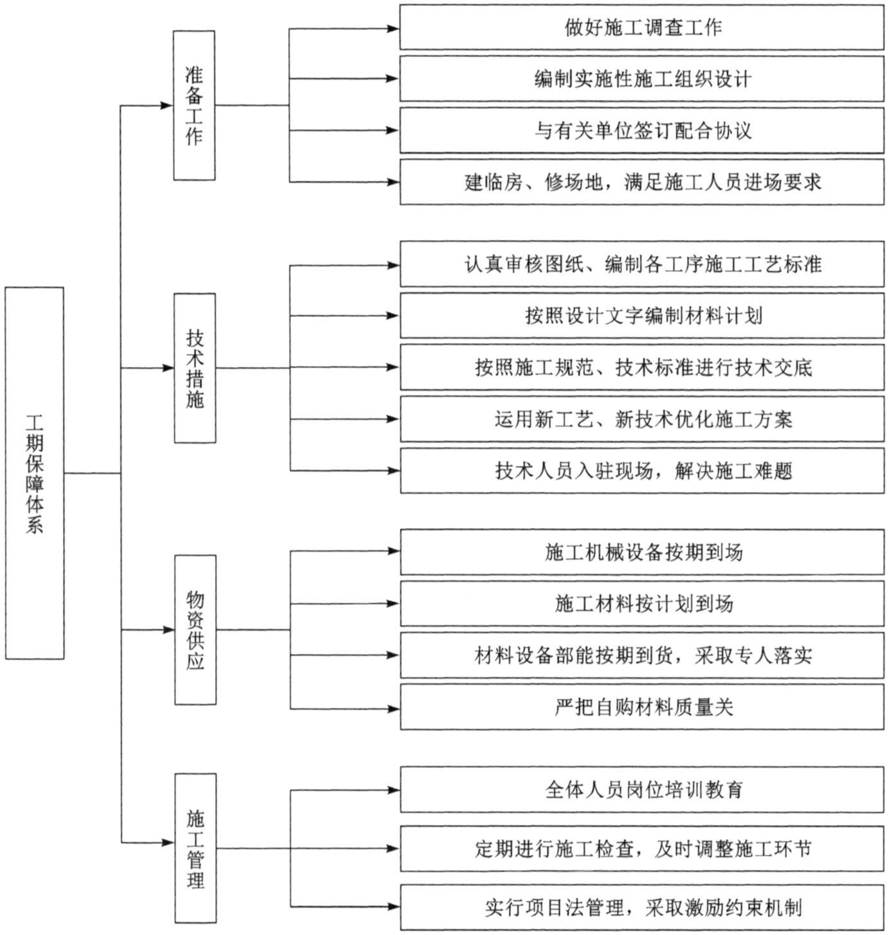

图 6-1　工期保障体系

建立工期保障体系。运营单位加强与总包、分包、设计、监理单位沟通，以完成工期为目标，以施工技术为保障，保证物资供应，合理配备施工人员，加强项目组织管理，建立项目工期保证体系。

6.2 工期保障措施

6.2.1 材料保障实施措施

1. 主要材料设备进场计划

主要材料设备进场根据施工站点计划的需求布产和安排到货。光缆、电缆、漏缆、支架、卡具、轨旁箱盒及支架提前安排送货，正线施工材料最早进场。

2. 工器具、材料供应保障

(1)各类机械设备进场前，均应进行严格的性能检查、维修和保养。保证施工车辆、机械工况良好，证照齐全，附属设施及备件完备。

(2)所有调试仪器、仪表均在国家认可的检测机构检验合格，且均在有效使用期内。

(3)在进场施工前按物资需求计划，完成首批物资的采购工作，以满足现场施工需要。

(4)物资、机械、仪器仪表在投入使用前必须完成报验审批手续。

3. 物料运输保障管理

根据物资到货要求，应对运输路径、准备运输的设备产品做好防护措施；制定设备物资物流保障方案，避免物流原因导致的损失。对物流保障的控制应该分以下四步进行。

(1)装载前的验证：装载前必须对要运输的货物进行核对验收。

(2)选定运输工具和运输路线：对运输工具进行检修维护，要求配备常用车辆维护工具及备件；对路线进行勘查，确保运输条件与实际情况相符；等等。

(3)运输过程中的防护：根据设备设施防水防火的要求，应配备防雨加固物资和防火消防物资等。

(4)随车人员的安排：明确随车人员的职责，进行运输路径上情况的汇报，应急处置的宣传教育和应急物资使用监督。

(5)人工搬运：搬运人员要正确使用杠、棒、橇、绳等辅助工具。对搬运物资做到不抛掷、不重放，有向上标志的物资不倒放。两人或两人以上搬运时，应做到呼唤应答一致，以保证人身和物资的安全。

(6)机械搬运：使用机械搬运设备和大型物资时，要按起吊标识进行吊挂；货物必须垫平、垫稳、捆扎牢固，防止倾斜。

(7)在作业过程中，搬运机械不准超负荷工作；搬运过程中要注意保护货物标识和有关检验、试验状态标记。

4. 临时物料存放管理

根据施工作业队作业面计划，设备设施进入现场后，考虑单天窗点时长内无法完成物料全部安装，应对正线物料存放、设备区物料存放及作业点作详细计划。

(1)设置正线区域临时物料存放点，正线物料运输、存放均应制定防护方案；利用专门的施工作业点对物料运输路径、存放固定和是否侵限进行检查。

(2)设置设备区域临时物料存放点，各车站施工期间，在联锁车站协调设置隔离区域或将临时空置的房间作为现场施工临时物料的存放场所，以保障现场施工有序开展。

5. 工程机械设备保障措施

(1)各项目部应按照约定的施工主要机械设备配置及进场计划进行机械设备的组织和调配，保证工程需要。

(2)各项目部应成立机械保养组，加强机械设备的日常维修和保养，提高利用率。

(3)专用工具应由专人负责保管，保证性能良好随用随取。

(4)利用先进施工方法、测试手段和成套进口仪器、仪表进行程序化测试作业，确保工期。

6.2.2　施工人员保障措施

1. 劳动力组织保证措施

(1)根据现场实际情况和施工进度及时调整劳动力配置，保证管理人员、技术人员、熟练技术工人、普通技术工人数量跟上现场施工进度。

(2)健全各项目部各部门人员编制，做到人力资源充分使用；特殊岗位设置资质符合岗位要求的人员。

(3)在项目准备前期，引进施工实力强、管理优化、服从统一管理的劳务队。

(4)根据每月计划的施工任务提前配置劳动力数量。

2. 劳动力平衡措施

(1)充分考虑本标段工程的特点，综合考虑工期目标和施工工艺方法等，以结构合理、高效精干、技术素质高、专业对口、施工经验丰富、各工种科学合理搭配的原则进行劳动力配备。

(2)专业技术工人应挑选技术水平高、责任心强，参加过国家重点工程建设、具有类似工程施工经验的人员；劳动力数量根据标段工期要求及工程数量确定。

(3)施工机构、队伍、劳动力按照作业队的要求配备和管理。

(4)为确保本标段工程施工安全和质量，所有施工人员进场前必须经过专业技术培训，并经考试合格后持证上岗；上岗前须分层次分阶段进行技术交底。

6.2.3 保证工期制度措施

1. 检查各层次的计划，形成严密的计划保证系统

检查专项施工项目的所有施工进度计划，施工总进度计划、工程单位施工进度计划、分部分项工程施工进度计划，并将各项目部组成计划实施保证体系，以施工任务书的方式下达各施工作业队。

2. 层层签订内部考核责任状，建立奖励机制

(1)在各项目部、作业队和作业班组之间分别签订内部安全质量工期考核责任状，按计划目标明确规定合同工期、相互承担的经济责任、权限和利益制度相关奖励考核制度。

(2)合同中明确具体施工任务、技术措施、质量要求等内容，使施工班组必须保证按作业计划时间完成规定的任务。

3. 施工计划的实施

(1)编制月施工进度计划。为了实施施工进度计划，根据各项目部规定的任务，结合现场施工条件如施工现场场地的情况、劳动力机械等资源条件和施

工的实际进度，在施工开始前和过程中不断编制本月作业计划，使施工计划更具体、切合实际和可行。

(2)做好施工进度记录，填好施工进度统计表。在计划任务完成过程中，各级施工进度计划的执行者都要跟踪做好施工记录，记载计划中的每项工作开始日期、工作进度和完成日期，为施工进度检查分析提供信息；要求实事求是记载，并填好有关图表。

(3)做好施工中的调度工作。建立每周调度交班会制度，由项目经理主持；及时分析施工中存在的各项问题，掌握计划实施情况，协调各阶段、环节、专业和工种间的相互关系，并对临时出现问题迅速采取措施，排除施工中的主要障碍，确保施工计划的可靠实施。

6.2.4　现场管理措施

(1)根据本工程的特点，受站前施工的影响，工程前期无法形成大面积施工。现场将采用成立专业作业小组的施工模式进行试点施工，先打造样板再进行大面积推广。

(2)推行先进施工工艺，如“电源屏安装工艺”“光电缆敷设工艺”等，提高施工速度。

(3)做好本工程的接口管理，加强与总包、监理、设计、施工单位及供货商之间的沟通与配合，积极主动地创造条件协调各方关系，为工程的顺利进行营造良好的外部环境。

(4)加强与政府主管部门、公共安全部门、交通管理部门、当地市民等保持良好关系，遵守法纪；争取社会各方面对我方施工的理解，取得当地政府和民众对我方工作的支持与配合，排除一切干扰，保证工程顺利进行。

(5)作业过程不污染环境，剩余料及时回收，集中存放，统一处理；各种包装物回收利用，不随地丢弃，做到工完料尽。

(6)严把物资质量关，杜绝质量事故；做到物资进场各种质量记录齐全，保存完整，以实现其可追溯性。

(7)严格控制成本，实行定额管理，限额发料；各工地全面推行物耗成本核算，坚决克服物资超耗现象。

第 7 章

施工质量管理

7.1 质量管理制度

7.1.1 质量管控架构

图 7-1 为通号部 2 号线信号改造工作组质量管理架构。

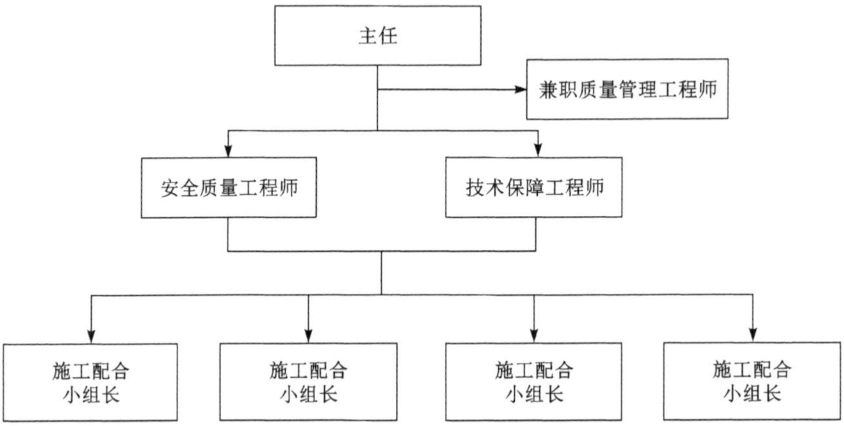

图 7-1　通号部 2 号线信号改造工作组质量管理架构

根据目前的组织架构，成立通号部 2 号线信号改造工作组质量管理领导小组，组长由主任担任。

成立通号部 2 号线信号改造工作组质量管理工作小组，组长由兼职质量管理工程师，组员由安全质量组、技术保障组工程师担任。

成立通号部 2 号线信号改造工作组现场质量管控小组，组长由施工配合队队长担任，组员由施工配合队内部信号检修工、施工现场服务人员担任。

7.1.2　质量管控职责

对各岗位人员职责做以下要求，具体情况见表 7-1。

表 7-1　通号部 2 号线信号改造工作组岗位职责

序号	岗位	工作职责
1	主任	1. 全面主持通号部 2 号线信号改造工作组质量管理工作； 2. 负责组织制定通号部 2 号线信号改造工作组质量管理制度、方案； 3. 组织完成通号部 2 号线信号改造工作组工作，总体负责现场质量管理； 4. 审核质量问题销项
2	兼职质量管理工程师	1. 起草质量管控制度、方案，牵头制定质量管控措施； 2. 服从领导安排，组织实施质量管控方案； 3. 负责质量问题的统计、汇总； 4. 牵头组织各施工配合负责人跟进闭环情况； 5. 负责与新线管理部等部门对接； 6. 安排人员主动开展或配合监理单位参与设备进场/开箱验收
3	安全质量组及技术保障组工程师	1. 组织收集汇总作业期间质量问题，按要求提报至兼职质量管理工程师； 2. 跟进本组作业质量问题整改进度； 3. 根据安排配合设备进场/开箱验收； 4. 根据领导的安排担任兼职质量管理工程师； 5. 根据领导的安排参与质量管理工作

续表7-1

序号	岗位	工作职责
4	施工配合 队小组长	1. 负责改造班组的质量管理； 2. 负责 2 号线信号系统改造期间现场施工安装、调试配合，把关现场质量； 3. 收集、上报现场质量问题； 4. 根据安排配合设备进场/开箱验收

7.2 质量保证措施

7.2.1 问题提报

施工质量问题提报流程应由现场配合人员填写发起，现场施工配合负责人(安全质量工程师)第一次审核，兼职质量管理工程师第二次审核、汇总。

现场提报的施工质量问题应在 3 个工作日内完成第一次和第二次审批，并确保施工质量问题的真实性、完整性、准确性。

现场施工质量问题提报审核过程中，如需拒绝提报应在批复中写明具体的原因。现场施工质量问题提报审核过程中，审核人可对部分信息进行完善性修改。

7.2.2 问题分类

施工质量问题按影响范围、影响程度划分为 A/B/C 三个类别等级。原则上 A 类问题为危及行车安全或人身安全问题，B 类问题为影响设备正常使用问题，C 类问题为影响一般客服问题。

现场配合人员所发现施工质量问题的 A/B/C 等级应由问题已表现出来的最严重情况作评定。

现场配合人员应针对施工质量问题明确依据，并告知施工单位。

7.2.3 问题销项

施工质量问题按照“问题提报人—工程师—主任”三级责任机制严把问题

提报、跟踪、销项关。介入问题的提报至销项流程按照责任终身制执行，问题把关的任一环节缺失则由其上一级别人员跟进。问题的销项需要得到车间主任的同意。

各层级须充分落实现场对接、专业对接、与新线部对接协调的三级对接机制，主动开展施工质量介入工作。针对施工工序比较简单、现场能及时处理、不影响后续施工的一般问题，施工配合人员在现场发现后直接与施工单位及施工人员进行沟通，现场解决，并做好记录。

针对因工艺工序造成不能及时整改的问题，现场配合人员要求施工单位给出整改期限，采取有效措施，保证不影响既有线路运营并提报问题。

针对存在意见分歧的问题，现场配合人发起问题提报，现场施工配合负责人(安全质量组信号工程师)第一次审核，兼职质量管理工程师第二次审核后向主任汇报具体情况。

针对现场施工存在的重大质量问题，现场施工配合负责人(安全质量组信号工程师)应立即要求施工单位停止施工。

施工配合负责人、现场负责人负责当班期间本施工作业队作业质量管理，负责收集当班期间质量问题。

建立质量问题闭环制度，确保质量问题得到及时处理。现场配合人发起问题提报，现场施工配合负责人(安全质量工程师)进行审核，兼职质量管理工程师审核、汇总后交新线管理部，由新线管理部总体把关，督促施工单位及时整改。

施工质量问题进入销项流程的，由现场配合人员对已整改问题的销项状态进行修改再提报，现场施工配合负责人(安全质量组信号工程师)进行确认，兼职质量管理工程师审核后告知新线管理部。

施工单位完成施工质量问题整改后，现场施工配合负责人(安全质量组信号工程师)应在施工单位申请销项后 5 个工作日内组织现场核验。

问题销项原则上由现场施工配合负责人(安全质量组信号工程师)组织，施工单位对已销项问题进行现场签认，纸质材料由现场配合人员交兼职质量管理工程师留档备查。

对于现场已签认销项的工程介入问题，现场配合人员应在当天内进行工程介入问题销项提报。

7.2.4 验收

对漏缆、光电缆、机柜等新到设备，监理单位应制定详细可靠的验收标准，及时组织设备进场/开箱验收。

各设备材料进场后或接到现场监理单位的通知后，兼职质量管理工程师应安排人员主动开展或配合监理单位参与设备进场/开箱验收。

验收严格按照制定的验收标准执行，设备设施维护部门应分批次核查进场/开箱设备；参与验收完成后，须在监理单位的相关验收表格上签字，并复印存档、备查。

7.3 质量控制点

7.3.1 室内设备安装

1. 室内机柜安装

(1)施工工序见图 7-2。

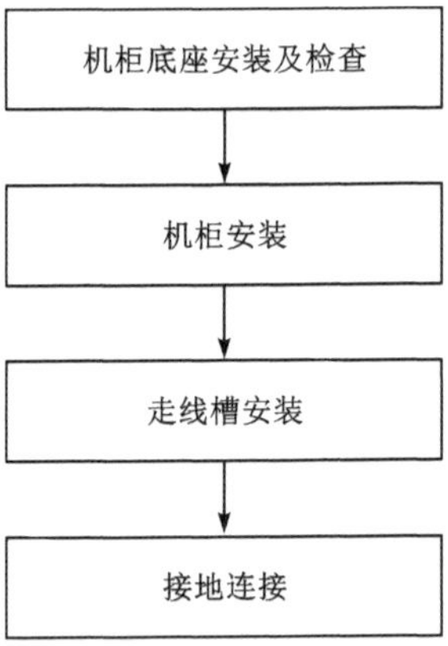

图 7-2　室内机柜安装施工工序

(2)施工标准见表 7-2。

表 7-2　室内机柜安装施工标准

安装工序	安装标准
机柜底座安装及检查	1. 机柜、底座及槽道规格、型号符合安装要求； 2. 机柜、底座及槽道表面无变形、无损伤，镀层、漆饰完整无脱落； 3. 机柜内部件完好、连接无松动；无受潮发霉、锈蚀
机柜安装	1. 将分体支架安装于机柜底部，按照底座确定好的位置，使用冲击钻在地面钻 ϕ14 mm 孔，植入 M12 不锈钢膨胀螺栓； 2. 按照设计图总体布局，测量和确定机柜位置，同排机柜的正立面在同一直线上，主通道侧的纵向侧面应在同一直线上； 3. 将机柜摆放至安装位置后，调整分体支架使机柜与地面垂直，相邻机柜间紧密靠拢，将底座和机柜用 M12 高强尼龙螺栓固定好
走线槽安装	1. 走线槽就位：按照组合柜布置进行走线槽就位，走线槽不应设成环状，受现场实际情况制约，环状不能避免时，通过增加绝缘板方式形成梳状； 2. 走线槽调整、固定： (1) 室内采用下走线方式，为避免下走线槽道与网格地线交叉，在槽道下部安装支架支撑； (2) 使用槽道安装附件进行连接，连接牢靠； (3) 槽内加装绝缘垫
接地连接	1. 各种机柜等所有室内设备必须与外墙体绝缘，其安全地线、防雷地线、工作地线等以最短距离分别就近与接地汇集线连接； 2. 金属机柜采用多股铜导线（黄绿相间外护套）与接地汇集线连接； 3. 设备门体、槽道与机柜主体部分应进行等电位连接

图 7-3 为室内机柜机架安装，图 7-4 为走线槽效果。

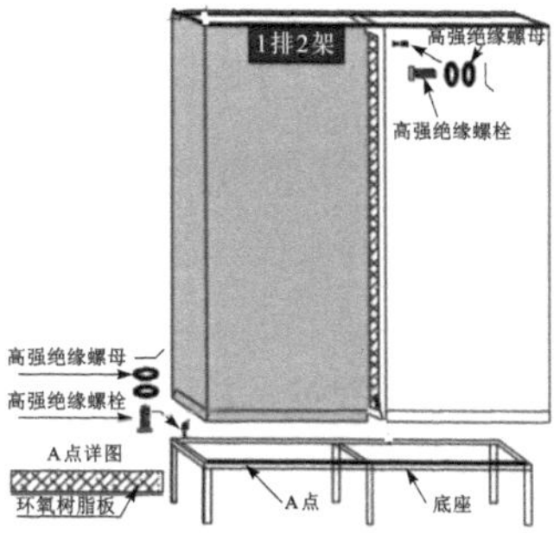

图 7-3　室内机柜机架安装

图 7-4　走线槽效果

2. 室内电源设备安装

(1)施工工序见图 7-5。

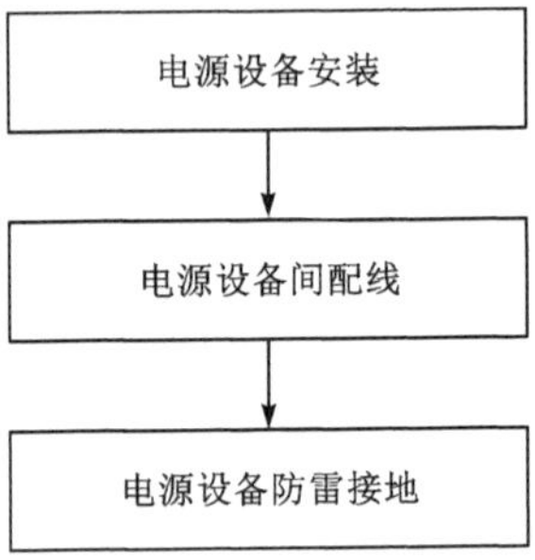

图 7-5　室内电源设备安装施工工序

(2)施工标准见表 7-3。

表 7-3　室内电源设备安装施工标准

安装工序	安装标准
电源设备安装	1. 电源屏及不间断电源的安装： (1)电源屏按施工图纸依次安装在底座支架上； (2)调整同一排电源屏使之正立面在同一平面，屏间无缝隙； (3)每个电源屏四角用高强尼龙螺栓与支架连接； (4)两电源屏侧面上下各钻 ϕ12 mm 的孔，用 M10 mm×30 mm 的镀锌螺栓紧固； (5)屏与屏之间用两端带冷压铜端头、截面不少于 10 mm^2 铜芯塑料线做安全连接； (6)清理钻孔铁屑和杂物 2. 蓄电池的安装： (1)电池根据图纸在电池架或电池柜从下层往上层进行摆放，电池垂直侧距离至少留有 10 mm 空间，以保证空气流通，每列外侧应在一条直线上，其偏差不大于 3 mm； (2)电池单体应保持垂直和水平，底部四角均匀着力； (3)电池体安装在铁架上时，应垫缓冲胶垫，使之牢固可靠； (4)电池连接线应先进行蓄电池之间的连接，然后蓄电池组与充电器或负载连接； (5)各组电池应根据馈电母线走向确定正负极出线位置；

续表 7-3

安装工序	安装标准
电源设备安装	(6)安装连接线前应保证极柱上的灰尘已擦干净，安装后要逐个检查所有连接螺栓是否拧紧，要指定专人检查，专人负责，确保所有螺栓处于拧紧状态； (7)安装检查结束后，测量并记录所有电池单体的开路电压和电池组的总电压，并填写相关记录； (8)用电压表检查电池端电压和极性，保证极性正确连接，对于端电压偏低的电池应筛选剔除
电源设备间配线	1. 电源配线的敷设径路和走线固定方法，应符合设计要求； 2. 电源线的布放应平直整齐、牢固，不得有急剧转弯和起伏不平，无扭绞和交叉； 3. 交、直流电源配线应分开布放，不应绑在同一线束内； 4. 输入电源的相线和零线不得接错，其零线不得虚接或断开，电源配线不得有接头； 5. 直流电源线必须由电缆颜色区别正、负极性，严禁用接地线代替电源线； 6. 电源线布线使用单根铜芯塑料线时，同回路两根电源线应扭绞使用； 7. 线缆布防完毕后应叫号核对； 8. 端子上线应采用符合规格的专用工具； 9. 电源端子接线正确，配线两端的标志齐全
电源设备防雷接地	1. 每个电源屏、防雷箱、UPS、电池柜采用多股铜导线与接地汇集线连接； 2. 每个电源屏内的防雷接地端子采用不小于 25 mm^2 的黄绿色多股铜导线接至防雷接地汇集线

3. 室内机柜配线

(1)施工工序见图 7-6。

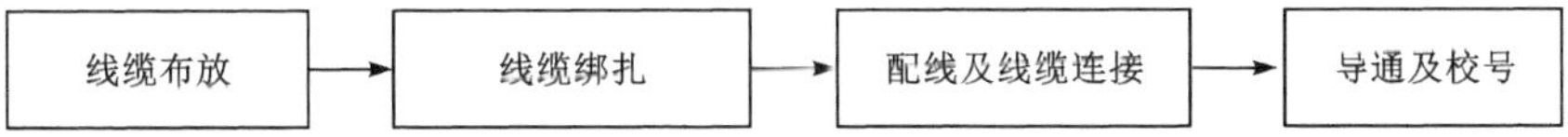

图 7-6　室内机柜配线施工工序

(2)施工标准见表 7-4。

表 7-4　室内机柜配线施工标准

安装工序	安装标准
线缆布放	1. 作业人员熟悉机柜编号、端子的位置及各种配线图，了解每个部分用线规格及型号； 2. 不同类型的配线要分批布放，其顺序依次为：电缆、电源线、通用线或屏蔽电缆、屏蔽线； 3. 布线作业应配备足够人员，专人看图指挥，指定布线始、终端负责人员，线槽转弯处要有人转接； 4. 同时布放多根线时，在线的端头做标记； 5. 布线时，负责始端和终端的人核对线缆的起止位置和所布放的线缆是否正确，线布放到位后，始端作业人员负责留足做头量，指示其他作业人员将线的各处余量向后轻拉，待线自然顺直，松紧适宜时，负责终端的人留足做头量后断线； 6. 放线工作完成后，检查是否有遗漏错放，可对照图纸核查根数或对号牌确认
线缆绑扎	1. 走线槽内线缆整理：当确认机柜之间的线全部放完之后，要进行整理绑扎，绑扎时要注意配线图中的说明，在线槽内应分开放置，屏蔽线、软电缆、电源线及地线分别放在线槽内，布放整齐、平顺(图 7-7)； 2. 电源线绑扎：各机柜电源线按照配线端子的位置均匀分布，保持平顺整齐(图 7-8)
配线及线缆连接	1. 分线柜配线： (1)电缆从防静电地板下引入分线柜； (2)电缆的成端制作、电缆接地连接(铝护套、钢带)完成后，将电缆固定在分线柜下固定架上； (3)根据电缆配线图进行电缆分线； (4)电缆芯线与室外导通、测试，确认正确后与端子连接； (5)线槽至端子配线按规定长度做到相同的弧度，插接时剥去 8~10 mm 长的绝缘外皮，插接完成后要对配线连接的牢固度进行检验 2. 组合柜配线： (1)每一组合根据配置的 3×18 位侧面端子，固定对应的穿线板，去端子的配线暂时穿在对应的穿线孔中，待放齐核对正确后再连接到端子上(图 7-9)；

续表 7-4

安装工序	安装标准
配线及线缆连接	(2)侧面端子配线时，使用专用卡尺，卡尺卡在侧面端子左侧或右侧，按照卡尺标示的端子位置留好配线长度，保证每组合的侧面配线长度都能保持一致(图 7-10) 3. 接口柜线缆连接： (1)按照接口端子布置，将配线电缆留好合适长度； (2)对照联锁机柜及微机监测机柜端插接端子的芯线分配，并与插接端子插接好； (3)按照设计文件将插接端子与底座插好，并紧固固定螺栓
导通及校号	1. 按照设计文件，使用万用表对配线逐条进行校号； 2. 配线与图纸不符的按照图纸进行修改

图 7-7　线槽内线缆布放效果

图 7-8　电源线绑扎

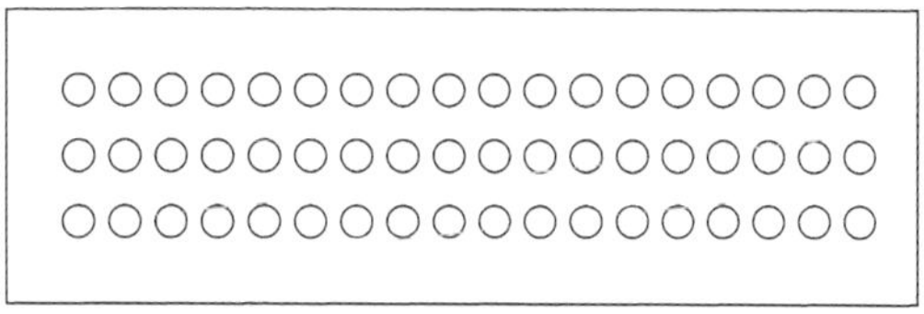

图 7-9　侧面端子穿线板

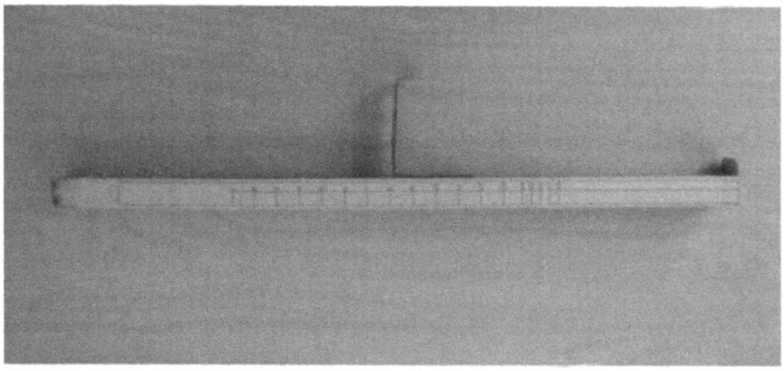

图 7-10　侧面配线卡尺

4. 室内光电缆引入

(1)施工工序见图 7-11。

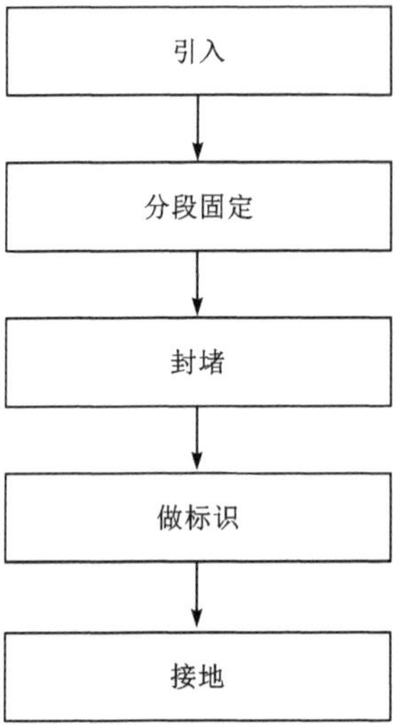

图 7-11　室内光电缆引入施工工序

(2)施工标准见表 7-5。

表 7-5　室内光电缆引入施工标准

安装工序	安装标准
引入	1. 室外引至信号设备室的电缆余留量不应小于 5 m，光缆余留量不应小于 10 m； 2. 电缆间的电缆余留量应呈“U”或“Ω”形布放，严禁盘成环状(光缆除外)，并标明电缆编号及去向； 3. 光电缆转弯及余留量的布放应均匀圆滑、整齐美观，不得有硬弯或背扣现象，并符合电缆弯曲半径的要求
分段固定	楼层间光电缆应分段固定，分段间距不宜大于 2000 mm
封堵	光电缆在引入口处内侧应用防火胶泥封堵，外侧应用泡沫填充剂封堵
做标识	光电缆终端应加挂铭牌，并标明编号及去向
接地	分线柜电缆的钢带、铝护套及内屏蔽层的屏蔽应接地

5. 室内防雷及接地

(1)施工工序见图7-12。

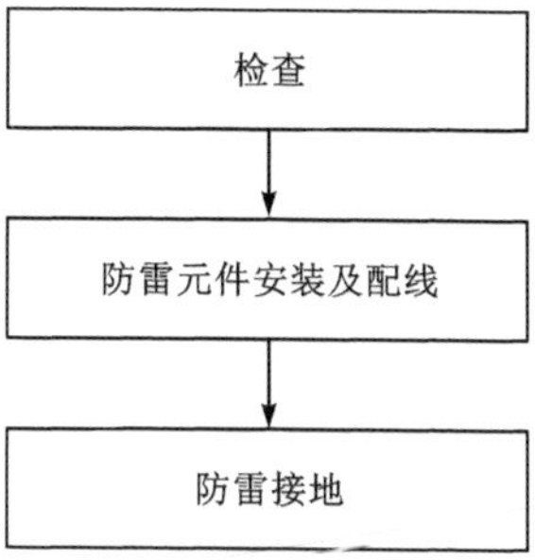

图7-12　室内防雷及接地施工工序

(2)施工标准见表7-6。

表7-6　室内防雷及接地施工标准

安装工序	安装标准
检查	1. 信号设备接地导线上严禁设置开关、熔断器或断路器； 2. 接地端子须设置用途铭牌，接地线宜采用黄绿色多股铜芯塑料绝缘线； 3. 防雷元件的规格、型号、数量符合设计和订货合同的要求； 4. 防雷元件合格证等质量证明文件应齐全； 5. 防雷元件的安装位置、方式应符合设计要求，防雷元件的安装应牢固可靠、便于检测，其他设备不得借用防雷设备的端子； 6. 防雷元件表面无变形、无损伤； 7. 防雷元件连接牢固
防雷元件安装及配线	1. 防雷元件与被防护设备之间的导线应采用阻燃线，路径应简短、便捷、不留余长； 2. 并联型防雷保安器与被保护设备端子连接线截面积不小于1.5 mm^2，连接线长度不宜超过500 mm，受条件限制时可适当延长，但严禁超过1500 mm，采用凯文接线法时，防雷保安器接地线长度不应大于1000 mm； 3. 电源防雷： (1)防雷箱接地线与电源保护地线(PE)连接，并就近与接地汇集线连接； (2)连接线采用塑料外护套多芯铜线，第Ⅰ级连接线截面积不小于10 mm^2、第Ⅱ级不小于6 mm^2、第Ⅲ级不小于2.5 mm^2

续表7-6

安装工序	安装标准
防雷接地	4. 信号传输线防雷： (1)电缆金属护套和屏蔽层应与分线盘接地汇集线连接，使用中的电缆芯线经防雷保安器接地端子与接地汇集线连接； (2)信号传输线上设置的防雷保安器接地线必须与被保护设备金属外壳连接，连接线采用标称截面积不小于 1.5 mm^2；多股铜芯塑料绝缘软线，长度不大于 200 mm，并就近与接地汇接线连接 5. 室内信号设备： (1)电源屏、控制台、各种机柜、控显设备等所有室内设备必须与墙体绝缘，其安全地线、防雷地线、工作地线等应以最短距离分别与接地汇集线连接； (2)金属机柜/架采用不小于 10 mm^2 多股铜导线与本机柜/架下的等电位铜排栓接，等电位铜排采用不小于 50 mm^2 带绝缘外护套的多股铜芯线或 30 mm×3 mm 铜排就近与接地汇集线连接； (3)设备门体、槽道与机柜/架主体部分应进行等电位连接； (4)室内设备地线连接后，应进行接地电阻测试，接地电阻不得大于 1 Ω；根据测试结果填写测试记录 6. 电源引入防雷： (1)电源引入防雷箱外壳与防雷箱内接地端子间采用截面积不小于 6 mm^2 铜导线连接； (2)电源引入防雷箱内接地端子可直接就近与综合接地端子或环形接地装置单点冗余连接，连接线应采用截面积不小于 50 mm^2 铜导线； (3)当室内设有电源引入防雷接地汇集线时，电源引入防雷箱内接地端子可直接与电源引入防雷接地汇集线连接，连接线应采用截面积不小于 50 mm^2 铜导线 7. 电源屏、防雷分线柜： (1)电源屏外壳与屏内接地端子间采用截面积不小于 6 mm^2 铜导线连接；屏内接地端子就近与接地汇集线采用截面积不小于 50 mm^2 铜导线连接； (2)信号设备防雷采用截面积不小于 6 mm^2 铜导线与防雷分线柜内的接地汇集板连接；

续表7-6

安装工序	安装标准
防雷接地	(3)电缆钢带、铝护套及四芯组屏蔽层环连后，采用截面积不小于 6 mm^2 铜导线与防雷分线柜内接地汇集板连接；引入设备房的电缆长度大于 5 m 时，应在电缆引入口处，将电缆钢带剥开，并用连接线截面不小于 25 mm^2 的绝缘电线或多股电缆就近与综合接地端子连接； (4)防雷分线柜内接地汇集板应就近与综合接地端子或专用接地汇集线相连接，连接线应采用截面积不小于 50 mm^2 铜导线 8. 机柜/架等电位连接： (1)机柜/架外壳、各种屏蔽线的屏蔽网应共用一个接地汇集线，并采用栓接方式连接； (2)屏蔽线应单端接地，屏蔽层宜从横向出线处剖开；同架屏蔽线间采用截面积不小于 0.75 mm^2 铜导线连接后再接至零层接地端子，每架零层接地端子分别与接地汇集线单独连接； (3)接地汇集线应就近与综合接地端子相连接，连接线应采用截面积不小于 50 mm^2 铜导线

7.3.2　轨行区作业

1. 漏缆敷设

(1)施工工序见图 7-13。

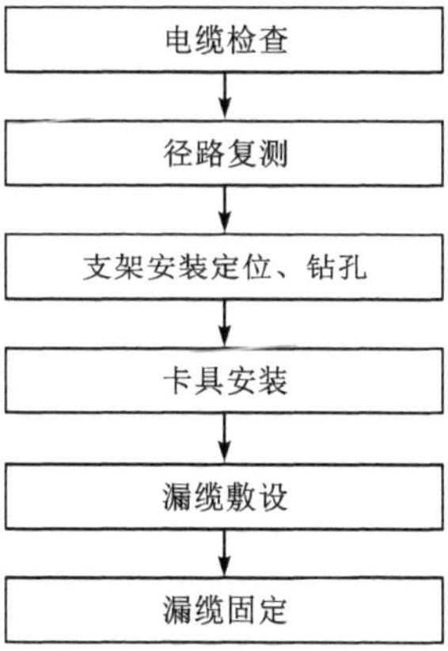

图 7-13　漏缆敷设施工工序

(2)施工标准见表 7-7。

表 7-7　漏缆敷设施工标准

安装工序	安装标准
电缆检查	1. 对单盘测试并确认产品达标； 2. 对运输采用的轨道工程车、小型平板车、工具进行检查，确保性能指标正常
径路复测	1. 实地调查设备间电缆长度，大约估量敷设长度； 2. 径路复测完毕，应及时形成调查报告，并确定单盘漏缆敷设长度
支架安装定位、钻孔	1. 对支架安装位置进行定位； 2. 支架应安装牢固，钻孔按标准对管片进行开孔
卡具安装	1. 夹具的规格型号应与漏缆匹配，质量应符合有关规范、标准； 2. 应按顺序安装螺杆或固定座、卡具，安装高度统一； 3. 漏缆夹具应用不小于 M8 的膨胀螺栓紧固在隧道壁，要求无松动； 4. 漏缆夹具间距为 1.2 m，每隔 9 个卡具设置 1 个防火夹
漏缆敷设	1. 拟采用轨道车+人工方式进行漏缆敷设，敷设过程中做好人员安全把控； 2. 漏缆在敷设及接续过程中，严禁急剧弯曲，其最小弯曲半径应符合规定； 3. 漏缆外护(层)套应完整无破损，两端头密封性能良好； 4. 漏缆距钢轨面的吊挂高度应符合设计文件要求； 5. 漏缆不应与接触网回流线同侧，不得已敷设在同侧时，漏缆与回流线、接地母线的距离不应小于 600 mm，与牵引供电设备带电部分的距离不得小于 2 m； 6. 漏缆过轨时应该换接阻抗相同的射频电缆； 7. 漏缆敷设时，尽可能不与其他线缆交叉，如无法避免时，应注意将漏泄同轴电缆敷设在外侧，避免其他线缆阻挡漏缆的信号覆盖； 8. 漏缆敷设时与既有漏缆间距不得小于 300 mm
漏缆固定	隧道内漏缆采用卡具安装在隧道壁上； 隧道外漏缆采用钢丝承力索进漏缆吊挂安装

2. 漏缆接续

（1）施工工序见图 7-14。

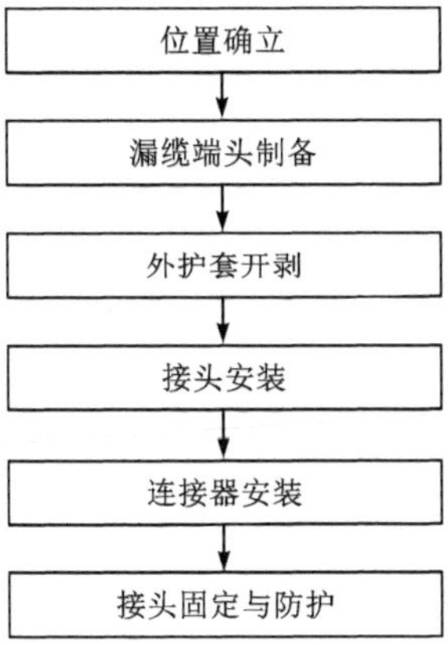

图 7-14　漏缆接续施工工序

（2）施工标准见表 7-8。

表 7-8　漏缆接续施工标准

安装工序	安装标准
位置确立	1. 据漏缆敷设记录找到接续点，将需要成端的漏缆从卡具上卸下 3~5 m，垂下的漏缆弯曲半径须符合要求； 2. 对使用的工具、仪表进行检查，确保性能指标正常；万用表、天馈系统测试仪经过检定并在检定有效期内
漏缆端头制备	1. 将需要装接头的漏缆理直 500 mm； 2. 将已理直的漏缆架设在工作台上，用锯把破损、污染及封头粘连部分的漏缆锯断，锯时应保持抛弃部分在下方，并保证切面平整； 3. 用锉刀或斜口钳将内导体铜管做好倒角，然后用毛刷或钢丝刷将内导体铜管内的铜屑清理干净，最后用毛刷将切面处的铜屑清除干净
外护套开剥	1. 用尺量出接头说明书规定的外护套尺寸，然后环切并将外护套剥离；剥外护套时不能伤到外导体，如果发现已伤及外导体，务必重新锯断并将外导体表面打磨平整； 2. 切除包裹线及塑料薄膜； 3. 用安全刀为漏缆内导体清除毛刺，用锉刀为漏缆外导体清除毛刺

续表7-8

安装工序	安装标准
接头安装	1. 装入接头后体→将后体推到底部并装入压紧环→旋入顶针并用扳手将其紧固→旋入接头前体，使前体与顶针紧配→接头前体与顶针旋紧后，将后体旋入前体→用扳手固定前体同时旋紧后体→接头制作完毕； 2. 一体式接头安装：套上压紧铜环→用尼龙锤轻轻向里敲击→压紧铜环与漏缆切面平齐→旋松接头并推入漏缆顶紧→顶住前体不动并旋紧后体→旋松接头并推入漏缆顶紧顶住； 3. 前体不动并旋紧后体→用扳手固定前体同时旋紧后体→接头制作完毕； 4. 连接器安装：跳线连接及防护→终端阻抗连接→隔直器(直流隔断器、DC 模块)连接→功分器连接
连接器安装	跳线连接及防护→终端阻抗连接→隔直器(直流隔断器、DC 模块)连接→功分器连接
接头固定与防护	对电缆接续头处进行有效性加固并进行防护

3. 光、电缆敷设施工

(1)施工工序见图 7-15。

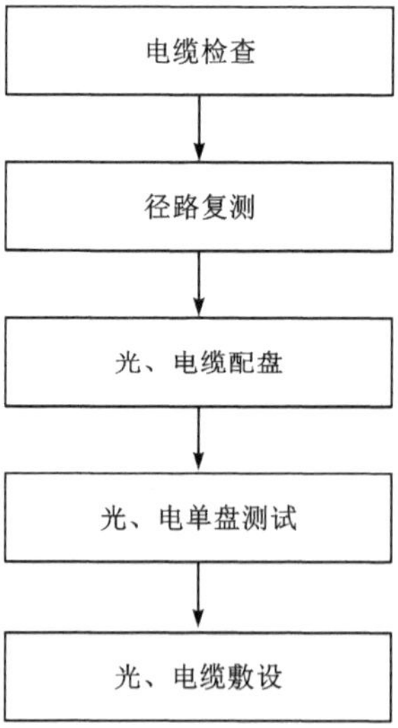

图 7-15　光、电缆敷设施工工序

(2)施工标准见表7-9。

表7-9 光、电缆敷设施工标准

安装工序	安装标准
电缆检查	1. 对单盘测试并确认产品达标，对运输采用的轨道工程车、小型平板车、工具进行检查，确保性能指标正常； 2. 施工前应申请轨行区施工天窗，并得到设备管理单位同意及配合
径路复测	1. 实地调查设备间电缆长度，大约估量敷设长度； 2. 径路复测完毕，应及时形成调查报告和径路复测台账，并确定单盘光、电缆长度
光、电缆配盘	1. 根据现场电缆径路走向，计算光电缆实际使用长度，并按联锁区编制电缆配盘表，充分考虑电缆自然弯曲量、线路长短链、电缆过轨、过人防门、过防淹门等弯曲量，电缆接续及成端余量，进行电缆配盘； 2. 按线路行别进行电缆配盘，避免电缆敷设过程中增加转运工作量，少量电缆可按联锁区合盘计划
光、电单盘测试	1. 光缆单盘测试采用光时域反射仪(OTDR)进行 $A \rightarrow B$、$B \rightarrow A$ 双向测试，并应进行双窗口(1310 nm 波长衰减：$\alpha<0.35$ dB/km；1550 nm 波长衰减：$\alpha<0.22$ dB/km)指标测试，测试后认真填写记录，并与合同技术指标(验收标准)进行对比，确定其是否为合格产品； 2. 电缆单盘测试主要项目有电缆芯线间绝缘电阻，任一芯线对地绝缘电阻、芯线间导通测试，其他型号的信号控制电缆，应根据厂家提供的技术规格书中的技术参数进行相关测试； 3. 测试结束后，如实填写测试记录，对测试不符合要求的光、电缆，坚决不予投入使用
光、电缆敷设	1. 拟采用轨道车+人工方式进行漏缆敷设，敷设过程中做好人员安全把控； 2. 隧道内光、电缆采用单根绑扎固定在既有电缆托架上； 3. 车辆段及试车线区域光、电缆采用人工敷设，人工挖沟/槽直埋防护； 4. 敷设前须核实对盘号、盘长，确认 A、B 端方向； 5. 敷设光、电缆时，应考虑缆的牵引力必须满足设计要求，不得出现背扣、急弯现象；敷设前应清除沟、槽内杂物； 6. 掀开盖板，并堆放整齐、稳固，严禁侵入铁路建筑限界，恢复盖板时，应平搬平放，防止盖板砸伤光、电缆；

续表 7-9

安装工序	安装标准
光、电缆敷设	7. 槽内同时敷设多条光、电缆时应互不交叉； 8. 槽内光、电缆每隔 100 m 应挂设光、电缆铭牌； 9. 远端光、电缆应敷设在上层，近端光、电缆敷设在下层。同层短光、电缆靠近墙壁布放； 10. 光、电缆敷设完毕后，应逐根理顺，每隔 5 m 左右将光、电缆用尼龙扎带绑扎在支架上，站台区、端头井、防淹门、隔断门、爬架等特殊地段的光、电缆应全部绑扎； 11. 端头井、防淹门、隔断门、爬架等特殊地段的光、电缆托架安装齐全，光、电缆敷设时的弯曲半径、坡度要求一致，光、电缆在光、电缆托架上摆放应平顺、整齐，每根光、电缆敷设完毕后立即绑扎； 12. 端头井、防淹门、隔断门等特殊地段的光、电缆托架无法安装时，应增加临时分层支架，必要情况下，轨旁光、电缆用电缆钢槽防护； 13. 电缆爬架处光、电缆应由里至外逐根顺序引入，立即绑扎，确保光、电缆弯曲、坡度要求一致、平顺

4. 计轴设备安装

(1)施工工序见图 7-16。

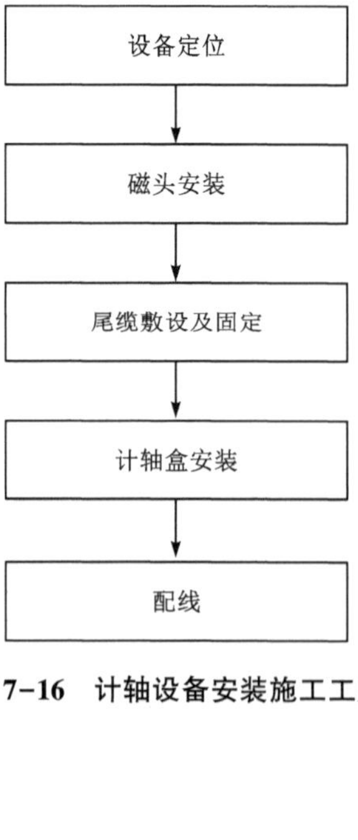

图 7-16　计轴设备安装施工工序

(2)施工标准见表 7-10。

表 7-10　计轴设备施工标准

安装工序	安装标准
设备定位	1. 每一点的计轴传感器均由两套计轴传感器(传感器 1、传感器 2)组成，传感器 1、传感器 2 对称定位安装于钢轨内侧； 2. 传感器 1、传感器 2 采用平行安装方法：两个传感器正对着安装，最大错开间距不大于 10 cm(图 7-17)
磁头安装	1. 计轴传感器顶部距轨面 38~45 mm，传感器顶部不能进入轨面下部，距离钢轨侧面 0~3 mm； 2. 钢轨无绝缘时，应与信号机并置，若并置有困难，则应安装在距信号机前后 1 m 的范围内； 3. 钢轨有绝缘时，应安装在距绝缘节前后 1~2 m，并须满足距信号机前后 2 m； 4. 对于单纯的钢轨接头，应安装在距钢轨接头前后 2 m； 5. 计轴传感器的安装位置范围内不能有钢轨型号标识字体，若有，须进行打磨处理，并前后移一个轨枕空间以避开该位置； 6. 计轴传感器安装位置范围内不得有水泥残渣、较厚的锈渣等凸起杂物，若有，须予以清除；如清除不掉，须前后移一个轨枕空间以避开该位置
尾缆敷设及固定	1. 尾缆至轨旁计轴箱(接线盒)的电缆径路上采用橡胶或者波纹防护管进行防护，尾缆保护管与传感器的连接部位要紧固； 2. 尾缆应使用胶管进行防护，并用卡具固定，防护胶管两端应用卡箍固定； 3. 尾缆长度应符合设计要求，走向应平缓美观，排列整齐，严禁盘圈、折弯； 4. 尾缆经过沟壑时，应在防护胶管外再用钢管防护，钢管用卡具固定牢固
计轴盒安装	1. 计轴电子盒安装位置应符合设计要求，底部与钢轨面相平，因地形、地物影响安装时，可适当调整高度； 2. 尾缆应使用胶管进行防护，并用卡具固定，防护胶管两端应用卡箍固定； 3. 尾缆长度应符合设计要求，走向应平缓美观，排列整齐，严禁盘圈、折弯； 4. 尾缆经过沟壑时，应在防护胶管外再用钢管防护，钢管用卡具固定牢固

续表7-10

安装工序	安装标准
配线	1. 将防水密封垫圈穿入电缆，然后将电缆穿入计轴电子盒底座，拧紧防水接头，固定电缆卡具； 2. 尾缆剥出部分采用扭绞方式，近端子处应采用“鹅头弯”方式留备用量，并对准端子上线； 3. 备用芯线宜做成螺旋状，放置在电缆引入口处； 4. 计轴电子盒内配线按照设计图纸设置，要求接线牢固，无松动、虚接现象

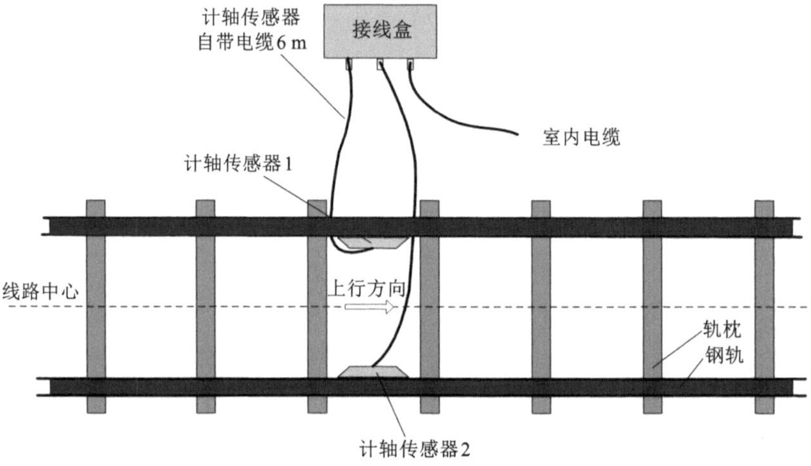

图 7-17　室外传感器与轨旁接线盒位置关系(传感器尾缆可调整)

5. 应答器安装

(1)施工工序见图 7-18。

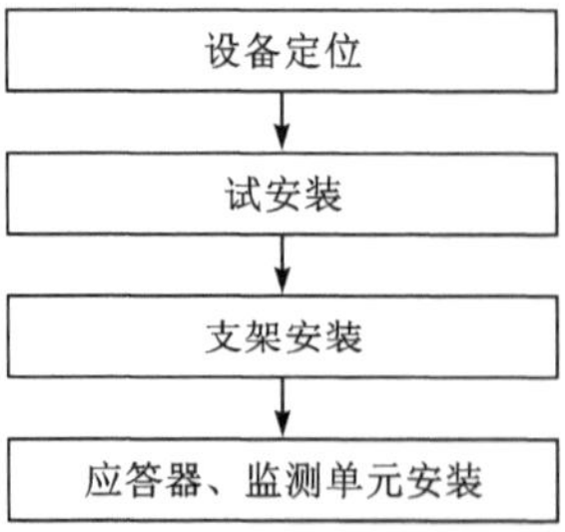

图 7-18　应答器安装施工工序

(3)施工标准见表 7-11。

表 7-11　应答器施工标准

安装工序	安装标准
设备定位	1. 应答器安装前应按照设计要求进行现场定测，确定具体安装位置和安装方式； 2. 应答器安装设置应符合设计要求，应答器编号应与设计图相符，位置应与编号相符，当实际位置与设计位置有偏差时，不可超过允许值； 3. 应答器的安装高度、纵向和横向偏移量，以及角度应符合设计和相关技术要求； 4. 应答器应安装轨道中间，并满足周围无金属区域的设计要求； 5. 安装前须确认应答器标签上标明的公里标位置，并根据工程图纸安装的位置进行核对，确认无误后方可安装； 6. 施工前根据碎石道床和整体道床线路的具体情况，订制配套的应答器的固定支架
试安装	1. 固定支架前(或钻孔前)应再进行一次安装位置的复测，确认无误后方可安装； 2. 确定应答器安装位置及安装方向，使用钻孔模板标出安装孔位置，必须使用四根不锈钢膨胀螺栓固定应答器底座；使用钢筋探测仪探测安装孔位置板内钢筋分布情况，如有钢筋则须对安装孔位置重新调整(图 7-19)
支架安装	整体道床段应答器位置钻孔完成后再进行植栓，植栓强度达标后再进行固定支架的安装；碎石道床段的应答器固定支架直接将专用固定支架固定于轨枕上，固定支架应安装牢固
应答器、监测单元安装	1. 监测单元与应答器重叠安装，安装在应答器下方； 2. 正线上应答器安装是采用在整体道床上钻孔、安装固定支架的方式； 3. 试车线内应答器安装是采用在轨枕上安装固定支架的方式； 4. 有源应答器尾缆终端盒应符合下列要求： (1)应答器尾缆长度应符合现场实际需要； (2)应答器尾缆应采用防护管防护，并用卡具固定牢固； (3)尾缆的余量应采用“U”形或“Ω”形，不能闭合； (4)终端盒内部配线应正确，并连接牢靠； (5)终端盒应安装平稳、牢固，螺栓应紧固、无松动

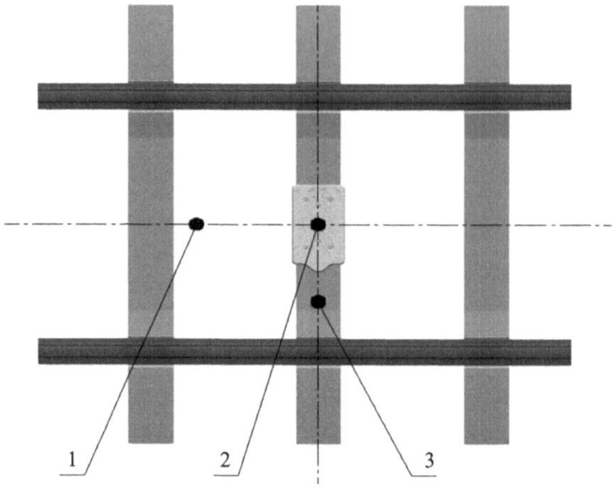

1—轨道中心线；2—应答器；3—轨枕中心线。

图 7-19　应答器安装位置

6. 信号机安装

(1)施工工序见图 7-20。

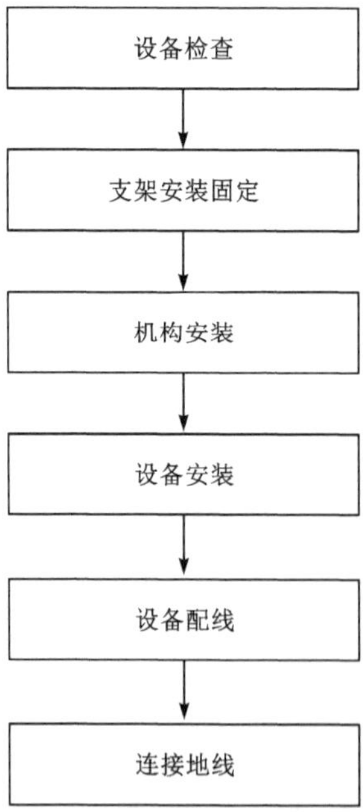

图 7-20　信号机安装施工工序

(2)施工标准见表 7-12。

表 7-12　信号机施工标准

安装工序	安装标准
设备检查	1. 通过现场调查，确定信号机的安装方式，确定信号机支架的类型；隧道地段信号机安装因地形条件限制，所有信号机均须安装在定制的信号机专用支架上；信号机专用支架根据矩形、马蹄形、圆形隧道断面类型及信号机的安装位置、安装限界等要求进行定制；信号机专用支架分为地面固定支架和隧道壁固定支架两种； 2. 对信号机构、信号点灯单元进行检查，并查看其检测合格证，检查其无异常后方可安装
支架安装固定	1. 安装支架前须先检查支架的质量，确认符合规定方可使用； 2. 地面安装的信号机支架应垂直于地面装设，信号机支架与隧道壁、支柱与地面采用 M16 不锈钢膨胀螺栓固定； 3. 信号机支架与隧道壁、支柱与地面采用 M16 不锈钢膨胀螺栓固定，信号机构与支架采用 M16 mm×60 mm 不锈钢螺栓固定，且两者间增加防震胶垫
机构安装	1. 施工前，提前完成信号机构内部线缆预配； 2. 安装信号机构； 3. 信号机构、支架接地； 4. 信号机构至支架间的线把应加防护管防护，防护管应安装牢固； 5. 信号机构最突出边缘距线路中心不小于 1660 mm； 6. 确认设备限界达标，不得侵入设备安全限界，确认各连接螺栓及紧固件已紧固； 7. 信号机构与连接管间、连接管与支架间连接螺栓采用双螺母紧固，露出螺母外的螺扣不小于 5 mm； 8. 金属支架与隧道壁(墙壁)采用锚栓固定牢固，支架不得跨越伸缩缝和隧道管片接缝，锚栓距离管片接缝不小于 50 mm
设备安装	1. 信号机安装高度超过 1.4 m 时，配置维修平台； 2. 地面安装的矮型信号机预制基础、高柱预制机杆应埋设平稳； 3. 隧道壁安装的信号机支架在垂直及水平方向的承受能力要达到最大受力的两倍，安装支架后的倾斜度应符合要求

续表7-12

安装工序	安装标准
设备配线	1. 信号机配线按要求采用 WDZB-BVR-7 mm×0. 52 mm 塑料绝缘电缆或铜芯塑料软线从箱盒引至信号机构，信号机配线颜色必须与灯光颜色一致；配线完毕后，信号机构门、电缆盒盖应密封良好； 2. 绝缘软线不得有破损、老化、中间接头； 3. 当变压器置于变压器箱内时，内部线把用 $\phi 4.0$ 的包塑铁线做成支撑框，软线沿支撑框均匀布线并绑扎整齐； 4. 采用弹簧接线端子应一孔一线，严禁一孔多线
连接地线	所有信号机构及支架采用 25 mm^2 黄绿相间地线接地

7. 轨旁 LTE 设备安装

(1)施工工序见图 7-21。

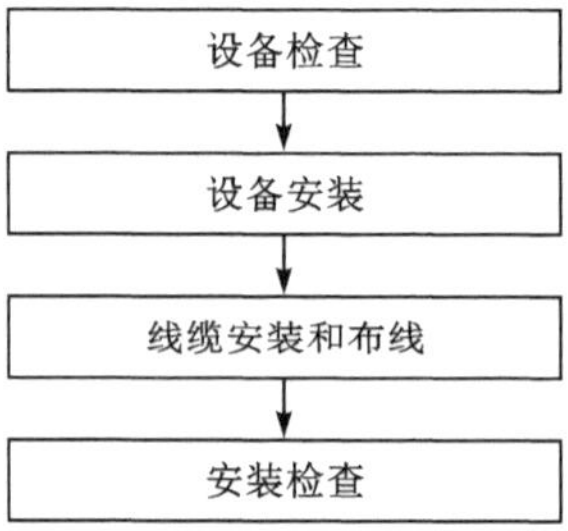

图 7-21　轨旁 LTE 设备安装施工工序

(2)施工标准见表 7-13。

表 7-13　LTE 基站(RRU)安装施工标准

安装工序	安装标准
设备检查	1. 检查设备和线缆的规格和数量，确认是否都符合安装要求； 2. RRU 包装箱发到现场后，须及时检查外包装；如果外包装发生毁坏，需要及时确认包装内的 RRU 机箱是否有损伤；必要时，须开箱检查； 3. 现场安装前，须确认 RRU 机箱是否损坏；RRU 机箱为铝材压铸，机箱背侧有散热鳍片；检查时应关注以下要点：机箱是否有明显磕碰痕迹，机箱有无裂纹，喷涂是否有剐蹭，散热鳍片是否有断裂，机箱密封是否良好，机箱两端安装的连接器是否活动脱落

续表7-13

安装工序	安装标准
设备安装	1. 壁挂安装：RRU 出厂自带壁挂安装架，RRU 与安装件间采用 8 颗螺栓固定，安装件与墙壁间采用 4 颗 M12 膨胀螺栓固定(图 7-22)； 2. 打孔孔距：200 mm×200 mm，安装时最下面横担安装高度距离钢轨面 1000~1200 mm，安装位置可根据现场实际情况做适当调整
线缆安装和布线	1. 光纤安装和布线： 固定间隔 800 mm，光纤加粗护套能够保证光缆牢固固定在卡具中，同时避免光缆被卡具挤压损伤；光纤垂直部分过长时应考虑缩短固定间隔，卡具间距可依据现场走线桥架的横担间隔做出适当变更；光纤在 RRU 端应留出足够余量(图 7-23)； 2. 电源线安装和布线： (1)现场制作 RRU 侧的电源线端头；电源线剥线长度：外护套剥掉长度 90 mm，编织屏蔽层保留长度 15 mm；将屏蔽层外翻套到电源线外护套上，要求芯线铜丝整齐，并且没有折断的铜导线和屏蔽编织铜丝遗留在电源线上； (2)打开 RRU 的维护窗，将电源线对应安装位置的半圆压接环的紧固螺钉松开，将电源线屏蔽层外翻的部分安装到半圆形的槽内；用半圆形压紧环将电源线(包括屏蔽层)压紧，完全紧固螺钉；电源线外护套的前端应该长出半圆形压紧环至少 2 mm； (3)将电源线的端头插入接线端子的孔内，插入时不需要工具；插入后向外拉电源线，确保安装到位，避免有单根铜丝散出接线孔； (4)安装后检查 RRU，确保没有折断的铜丝掉落到 RRU 维护窗内 3. 接地线安装和布线： (1)RRU 机箱接地使用 16 平方 RVVZ 黄绿电源线，根据工程现场接地点位置截取合适长度黄绿电源线； (2)两端压接 25 平方 M8 螺栓孔铜鼻子，铜鼻子与电缆的压接处使用绝缘窄胶带缠绕保护； (3)接地电缆的一端使用 RRU 机箱自带的内六角螺钉可靠连接机箱接地点，另一端连接工程现场提供的接地汇流排或接地点(图 7-24)； (4)系统安装完成后，须统一测试各接地点的接地电阻值，电阻值不应大于 10 Ω 4. 线缆的绑扎固定： (1)电源线缆为 RVVP 2 mm×6 mm；屏蔽电源线外径为 11.2 mm±0.1 mm，可以使用标准 1/4 馈线卡(图 7-25)固定在走线架上；

续表 7-13

安装工序	安装标准
线缆安装和布线	(2)光纤的外径是 7 mm，通过使用光纤加粗护套(图 7-26、图 7-27)，在馈线卡固定处把直径增加到 11 mm，使用同样馈线卡； (3)对于不能使用馈线卡的地方，室外使用 7.7 mm×370 mm 的黑色尼龙扎带，室内使用 5 mm×250 mm 的白色扎带；扎带绑扎要求扎带扣方向一致，多余长度室内沿扎带扣剪平，室外扎带多余长度于扎带扣处保留 3~5 扣剪平；间隔可以根据现场走线架横挡适当调整，一般线缆使用扎带间隔不大于 400 mm
安装检查	1. RRU 和天线的安装是否牢固可靠，安装位置是否符合要求； 2. RRU 子系统的所有器件的种类和数量是否安装齐全； 3. RRU 子系统从天线到设备的所有紧固件(螺钉、螺母、垫圈等)是否齐全，是否都按要求紧固； 4. 所有接头和接地套件处的防水措施是否符合要求，是否可靠； 5. 布线是否整齐，电缆绑扎是否符合工艺要求，标签绑扎是否符合工艺要求； 6. 所有接头的安装方向是否正确； 7. 所有线缆的外皮是否有损坏，线缆的弯折最小半径是否符合工艺要求

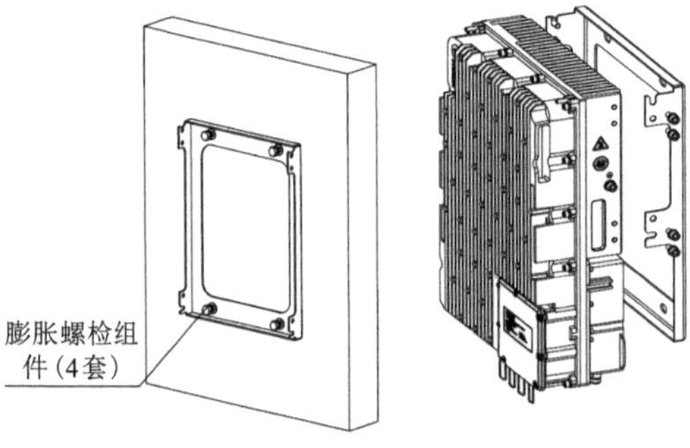

图 7-22　RRU 挂墙安装各组件位置

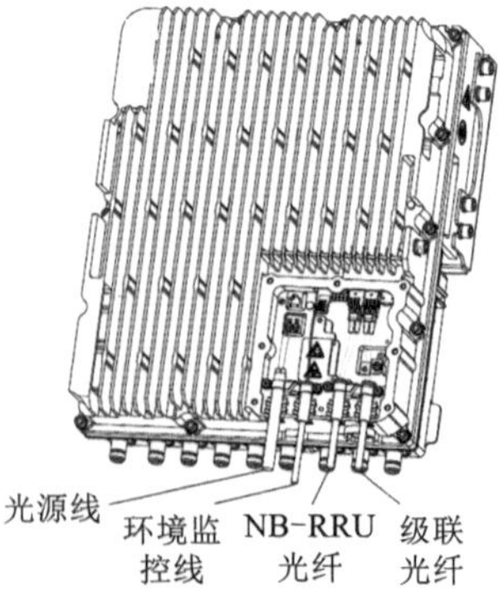

图 7-23　线缆安装位置

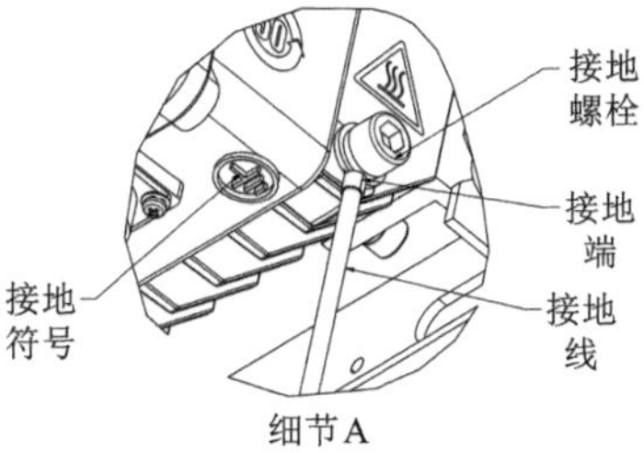

图 7-24　RRU 机箱接地

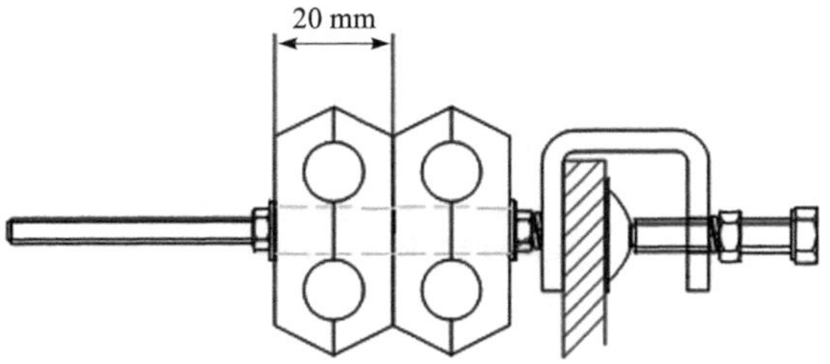

图 7-25　馈线卡结构

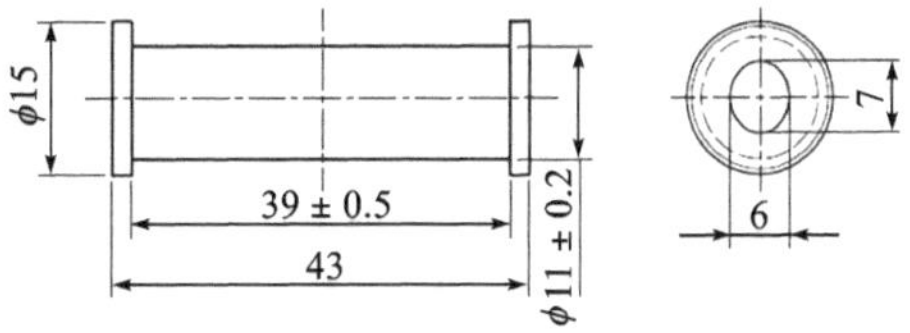

图 7-26　光纤加粗护套外形（单位：mm）

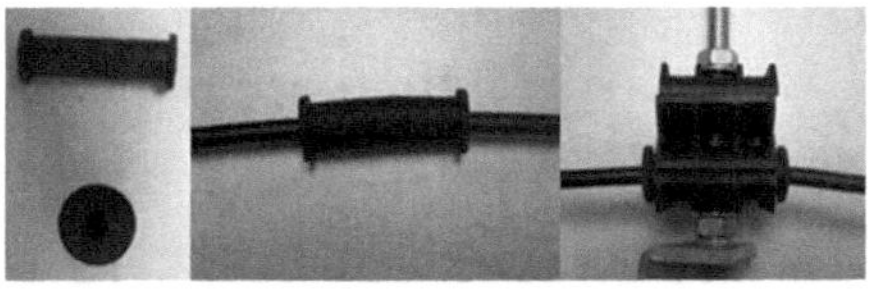

图 7-27　光纤加粗护套使用示意

8. 光电分线盒安装

(1)施工工序见图 7-28。

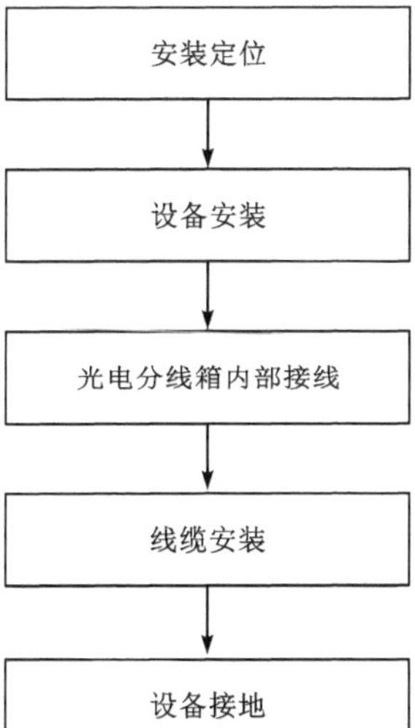

图 7-28　光电分线盒安装施工工序

(2)施工标准见表 7-14。

表 7-14　光电分线盒安装施工标准

安装工序	安装标准
安装定位	光电分线箱属于轨旁设备，安装在隧道侧壁；轨旁设备安装时应尽量保证设备下沿对齐同一水平高度、距离轨面约 1.25 m
设备安装	光电分线箱采用 4 个膨胀螺栓固定在隧道壁墙面上，螺孔中心间距为：上下间距 440 mm，左右间距 392 mm；如果采用滑槽支架安装，可提前在支架上按同样尺寸开孔安装固定
光电分线箱内部接线	使用两组接线端子，可供两台 RRU 独立供电使用，其中靠下侧的一排端子用于来自骨干供电输入和连接至 RRU 端的电缆，须现场接续；靠上侧的一排端子用于光电分线箱内部空开和雷保模块的连接，已预先接好；现场按 L、N、PE 的线序分别连接(图 7-29)
线缆安装	漏泄电缆接头间距应为 0.5 ~ 1 m，馈线预留圈应大小适宜(弯曲半径≥7.5 倍馈线外径)并安装牢固；馈线过轨时应用防护管且地面外露不小于 0.5 m
设备接地	箱体外壳采用 16 平方规格接地线至轨旁综合接地网，接地电阻应小于 4 Ω

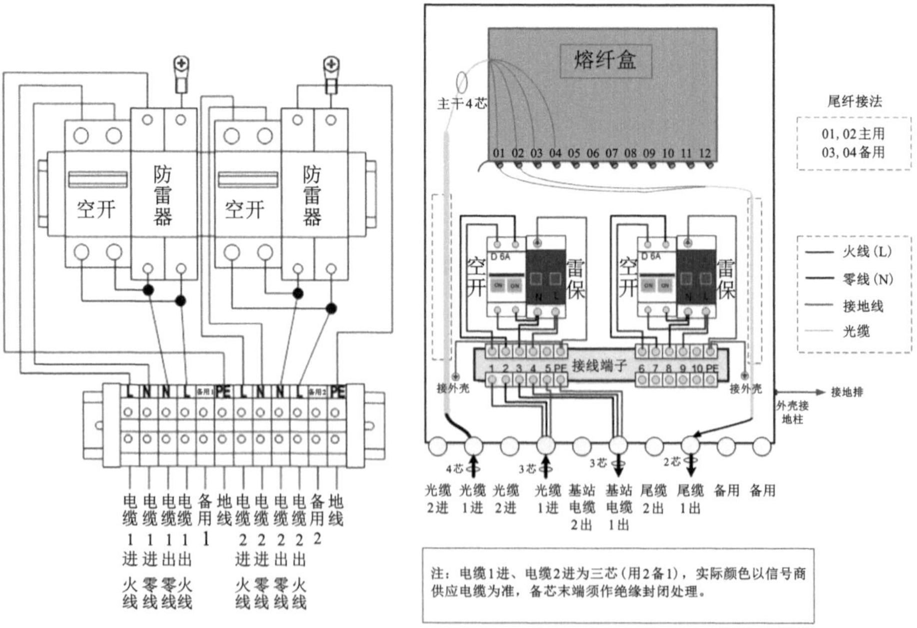

图 7-29　光电分线箱内部接线

9. 箱盒安装及配线

(1)箱盒安装施工工序见图 7-30。

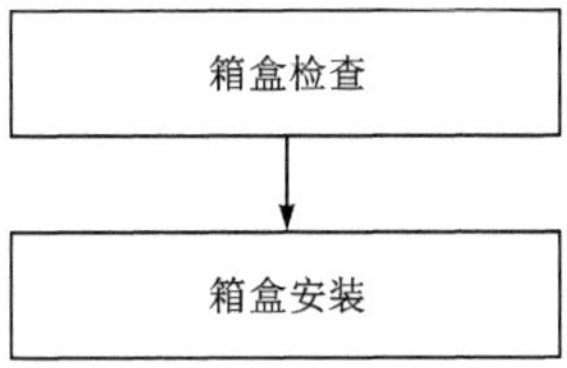

图 7-30　箱盒安装施工工序

(2)箱盒安装施工标准见表 7-15。

表 7-15　箱盒安装施工标准

安装工序	安装标准
箱盒检查	1. 方向盒、终端盒、变压器箱应符合设计文件及合同要求；箱盒基础在有砟区段采用混凝土基础，无砟区段采用热镀锌金属材料； 2. 箱盒外部无伤痕和裂纹； 3. 箱盒内端子无锈蚀、无松动
箱盒安装	1. 路基地段方向盒安装：方向盒两基础中心线与钢轨平行，1 号端子侧面向信号楼；方向盒基础顶面高于硬化面不小于 150 mm，当方向盒与其他信号设备合用同一硬化面时基础顶面和其他基础顶面一致，箱盒的中心线距线路中心不小于 1900 mm； 2. 路基地段信号机终端盒安装：终端盒的引线孔应与信号机基础相对应，终端盒中心与信号机中心连线应与线路平行(图 7-31)； 3. 路基地段应答器终端：终端盒基础应与线路垂直，盒边缘最突出部分距钢轨内侧距离不小于 1200 mm，基础顶面与轨面相平； 4. 混凝土地面方向盒安装：方向盒基础应采用“Π”字形热浸锌支架；支架底部应采用螺栓与整体道床固定，螺栓型号应与支架类型相匹配；同一设备的两基础不得跨越桥梁伸缩缝和隧道管片接缝； 5. 混凝土地面信号机终端盒安装：终端盒中心与信号机中心连线应与钢轨平行，终端盒的基础顶面与轨面相平(图 7-32)； 6. 混凝土地面应答器终端盒安装：终端盒基础应与线路垂直，盒边缘最突出部分距钢轨内侧距离不小于 1200 mm，基础顶面与轨面相平(图 7-33)；

续表 7-15

安装工序	安装标准
箱盒安装	7. 壁挂箱盒安装(图 7-34)： (1)根据实际情况区分弧形支架和直角支架； (2)支架与墙体采用膨胀螺栓固定，膨胀螺栓的型号应与支架相匹配，螺栓钻孔深度不大于 100 mm； (3)支架顶面高于轨面 750 mm±100 mm； (4)支架不应跨越桥梁伸缩缝和隧道管片接缝安装，螺栓距离接缝不小于 100 mm

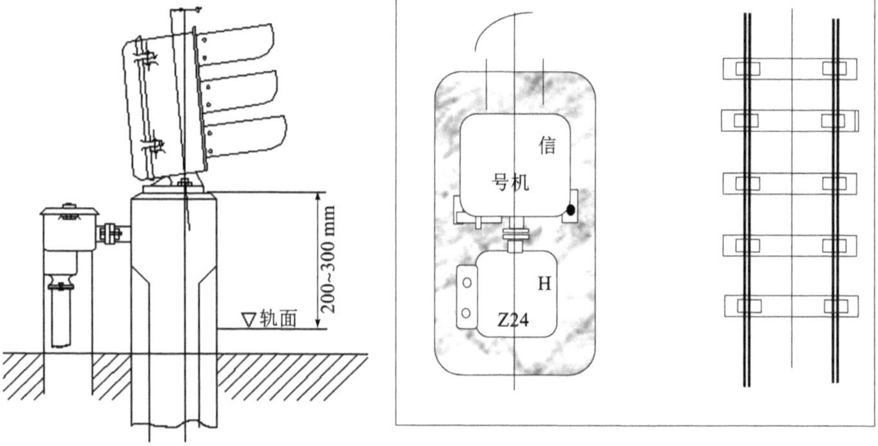

图 7-31　路基地段信号机终端电缆盒安装

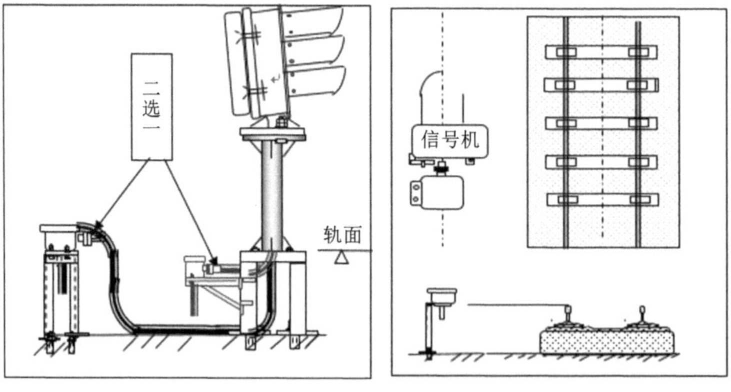

图 7-32　混凝土地面信号机终端电缆盒安装

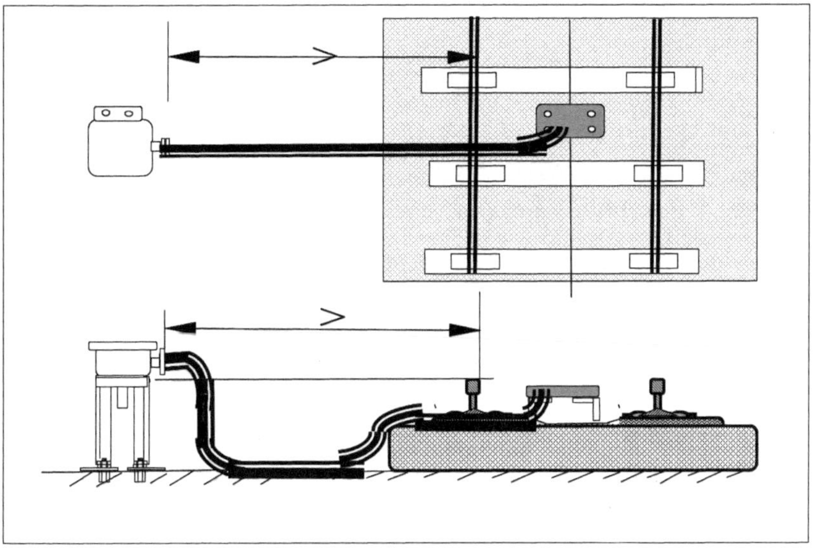

图 7-33　混凝土地面应答器终端电缆盒安装

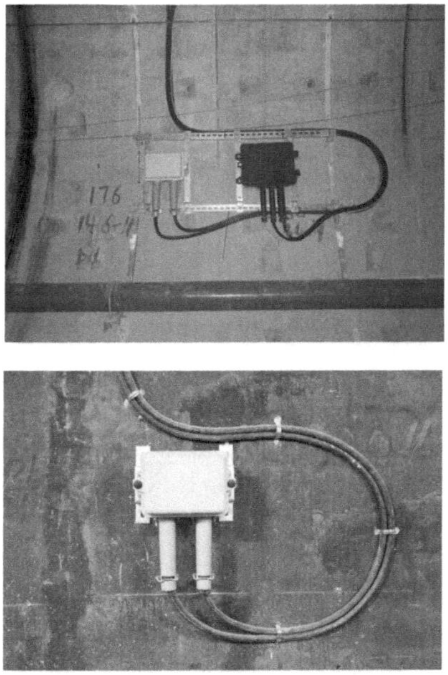

图 7-34　壁挂箱盒安装

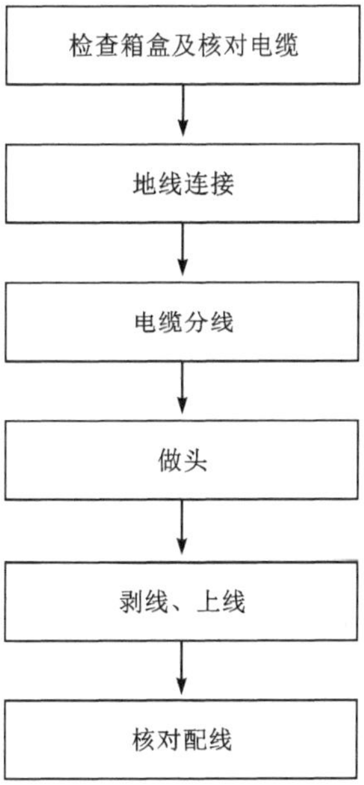

图 7-35　箱盒配线施工工序

(3)箱盒配线施工工序见图 7-35。

（4）箱盒配线施工标准见表 7-16。

表 7-16　箱盒配线施工标准表

安装工序	安装标准
检查箱盒及核对电缆	1. 配线前应清除箱盒内杂物，保持内部清洁； 2. 核对箱盒内电缆型号及条数是否与图纸相符
地线连接	1. 将电缆引出的接地线绑扎成把； 2. 电缆接地线绑扎到位，手绕线环至箱盒内的接地汇流排上； 3. 原则上电缆的接地线均应接到接地端子；短途电缆/箱盒电缆引入孔不能满足地线引入需求时，则将副管电缆接地与主管接地环连至前一箱盒接地
电缆分线	1. 芯线梳理，清除扎线，依照分组原则，用色环或绑线进行编号； 2. 电缆芯线自胶室面向上用尼龙扎带绑扎 2 扣后分线； 3. 根据图纸端子芯线使用组别进行成组对位，捆扎全部芯线； 4. 按照规定的顺序，破开四芯组，用棉纱捋直每根芯线，再穿号码套管； 5. 根据配线图，将最远端芯线放在外层，最近端的芯线放在内层依次相叠；把使用的电缆芯线分线到相应的端子，用尼龙扎带均匀绑扎，芯线尽量不要交叉；扎带扣拉紧后多余部分从根部剪断，将锁扣部分转到线把下部； 6. 把每根电缆的备用芯线找出来，在根部分别绕圈放置，或每根电缆的备用线单独绑把放在主线把下边（注意：备用量应能保证所有芯线均能配至最远端端子）
做头	将分到位的电缆芯线余足合适的长度做成“鹅头弯”，使每一根芯线的弯曲度相同
剥线、上线	1. 如果箱盒采用弹簧接线端子，则剥线长度为 8～9 mm；使用弹簧接线端子专用工具垂直插入工具孔，将已剥好线头的导线插入配线孔；导线插到底后（注意绝缘层不可插入），将专用工具抽出； 2. 如果箱盒采用弯六柱或直二柱端子，则剥线长度为 35～40 mm 绕成线环，方法是：剥开的铜芯线顺时针方向绕环，留 10 mm 的余量贴紧电缆芯线，多余线头剪掉，两线不能交叉；端子上线时线环沿顺时针方向；有两根以上芯线时，芯线间必须用铜垫片隔开，用双铜螺母分别紧固； 3. 电缆芯线均采用“鹅头弯”与端子连接，不得盘圈

续表7-16

安装工序	安装标准
核对配线	1. 按照配线图仔细核对配线是否正确； 2. 检查芯线号码牌是否正确； 3. 检查插线孔是否压芯线外皮； 4. 检查芯线是否压紧； 5. 检查接地线线环是否压接牢固

图 7-36 为箱盒配线效果。

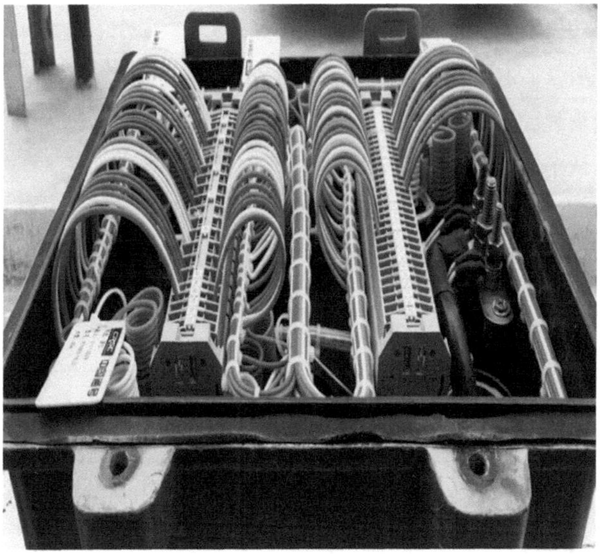

图 7-36　箱盒配线效果

7.3.3 质量卡控要点表格

表 7-17 轨道车运输安全卡控要点

序号	关键节点	盯控内容及标准	情况确认（中国通号）	备注
1	运输前	车辆出段前 2 h 确认物资装载加固完成(拍照留档)		
2		记录装载货物的类型与数量		
3		线缆采用钢丝绳固定在平板固定拉铆上，线缆间使用粗铁丝固定连接		
4		采用楔形木做好防滚动措施		
5		货物装载完毕后，组织工程车司机、运用调度确认车辆装载货物的加固状态、车门及侧板是否关闭好，以及防溜措施等情况		
6		工程车开行前 1 h 与工程车司机确认车辆状态是否具备出车条件		
7		收到加开调度命令		
8	运输中	车辆运行过程中无明显倾斜、晃动		
9		车辆运行过程中未超速		
10		货物未发生明显位移、未掉落、未侵限		
11	运输后	车辆停妥，确认停放制动已施加		
12		车辆停妥，核对货物(拍照留档)		

注：1. 中国通号施工人员根据情况确认事项卡控要点确认情况，符合请打“√”，不符合打“×”。2. 运营通号配合人员监督中国通号施工人员按要求完成上述作业。

中国通号施工人员(签字)：____________ 日期：____________

运营通号配合人员(签字)：____________ 日期：____________

表 7-18　区间物料存放安全卡控要点

序号	关键节点	盯控内容及标准	情况确认（中国通号）	情况确认（中车时代）
1	卸料	施工安全防护措施设置妥当(红闪灯等)		
2		接触网已停电，地线已设置		
3		卸料钢槽状态良好		
4		积压木防护挡板放置稳妥		
5		轮胎放置稳妥		
6		采用钢槽溜放时，设置防护区域，溜槽下方及前方除指挥人员外不得有其他施工人员		
7	固定	现场存放区域划定清晰，电缆盘整齐存放于区域内		
8		存放区域设置规范警示标识		
9		采用方木对钢轨、道床板进行防护		
10		可移动无线视频监控启用		
11		所有电缆盘外部边缘粘贴反光警示标识；采用合适高度合适大小的楔形木做好防滚动措施，并使用钢丝绳与钢轨扣件固定，每盘电缆不少于 4 个固定点(不得叠放线缆盘)		
12		施工完毕后，安排专人清理废弃材料、电缆盘、楔形木等辅助工器具		
13		电缆盘固定完成后，核查线缆稳固情况，确保线缆盘稳固；线缆盘及电缆头绑扎固定牢固，不侵入行车安全限界，不超出指定标记区域(四个面拍照留档)		

注：1. 中国通号施工人员根据情况确认事项卡控要点确认情况，符合请打“√”，不符合打“×”。2. 运营通号配合人员监督中国通号施工人员按要求完成上述作业。

中国通号施工人员(签字)：____________　日期：____________

中车时代配合人员(签字)：____________　日期：____________

运营通号配合人员(签字)：____________　日期：____________

表 7-19　漏缆敷设现场安全卡控要点

序号	关键节点	盯控内容及标准	情况确认（监理）	情况确认（中国通号）	备注
1	施工前	作业人员持证上岗，特别是高空作业人员须执证上岗，劳保用品配备齐全			
2		人员安全技术交底及危险告知			
3		人员、工器具清点完毕			
4		人员精力充沛，意志集中，严禁酒后作业			
5		通信设备通话清晰			
6		作业人员明确作业内容、施工范围、起止时间，严禁超范围施工			
7		漏缆盘支立时，设置安全警示牌			
8		设置专人盯控漏缆盘，人员是否配备通信设备			
9		检查手持电动工具绝缘是否良好，外壳、手柄是否有裂缝和破损			
10		接触网停电作业，确认挂接地线良好，未进行验电、接地不可登高作业			
11		成品保护设备设施齐全			
12	施工中	不可随意移动安全防护设备设施			
13		漏缆敷设始端绑扎良好（拍照）			
14		人员正确使用工器具，禁止违章作业			
15		安全带禁止高挂低用，工具、材料严禁抛接，使用专门的工具包或牵引绳			
16		使用梯子作业时，梯子摆放平稳，至少一人做好监护，严禁两人同时登梯作业			
17		交叉作业时，禁止在同一竖直方向上下同时操作			
18		漏缆盘摆放平稳、牢固			
19		区间计轴磁头放置好防护罩			
20		架设漏缆盘处应设警示灯			

续表 7-19

序号	关键节点	盯控内容及标准	情况确认（监理）	情况确认（中国通号）	备注
21	施工中	漏缆绑扎牢固			
22		对既有设备保护			
23		是否文明施工			
24	施工后	按规定撤出安全防护设备设施			
25		漏缆盘未遗留在施工现场			
26		清点人员、工器具，必须与进场数量一致			
27		对施工现场巡视，检查文明施工情况			
28		漏缆敷设终端固定情况良好，终端须与支架绑扎良好(拍照留档)			
29		进行班后总结会			

注：1. 中国通号施工人员根据情况确认事项卡控要点确认情况，符合请打“√”，不符合打“×”。2. 运营通号配合人员监督中国通号施工人员按要求完成上述作业。

监理(签字)(非集中站未设)：＿＿＿＿＿＿　　日期：＿＿＿＿＿＿

中国通号施工人员(签字)：＿＿＿＿＿＿　　日期：＿＿＿＿＿＿

运营通号配合人员(签字)：＿＿＿＿＿＿　　日期：＿＿＿＿＿＿

表 7-20　光电缆敷设现场安全卡控要点

序号	关键节点	盯控内容及标准	情况确认（监理）	情况确认（中国通号）	备注
1	施工前	作业人员持证上岗，特别是高空作业人员须执证上岗，劳保用品配备齐全			
2		人员安全技术交底及危险告知			
3		人员、工器具清点完毕			
4		人员精力充沛，意志集中，严禁酒后作业			
5		通信设备通话清晰			
6		作业人员明确作业内容、施工范围、起止时间，严禁超范围施工			
7		光电缆盘支立时，设置安全警示牌			
8		设置专人盯控光电缆盘，人员是否配备通信设备			
9		检查手持电动工具绝缘是否良好，外壳、手柄是否有裂缝和破损			
10		接触网停电作业，确认挂接地线良好，未进行验电、接地不可登高作业			
11		成品保护设备设施齐全			
12	施工中	不可随意移动安全防护设备设施			
13		光电缆敷设始端绑扎良好(拍照)			
14		人员正确使用工器具，禁止违章作业			
15		安全带禁止高挂低用，工具、材料严禁抛接，使用专门的工具包或牵引绳			
16		使用梯子作业时，梯子摆放平稳，至少一人做好监护，严禁两人同时登梯作业			

续表 7-20

序号	关键节点	盯控内容及标准	情况确认（监理）	情况确认（中国通号）	备注
17	施工中	交叉作业时，禁止在同一竖直方向上下同时操作			
18		光电缆盘摆放平稳、牢固			
19		区间计轴磁头放置好防护罩			
20		架设光电缆盘处设警示灯			
21		光电缆绑扎牢固			
22		对既有设备保护			
23		是否文明施工			
24	施工后	按规定撤出安全防护设备设施			
25		光电缆盘未遗留在施工现场			
26		清点人员、工器具，必须与进场数量一致			
27		对施工现场巡视，检查文明施工情况			
28		光电缆敷设终端固定情况良好，终端须与支架绑扎良好(拍照留档)			
29		进行班后总结会			

注：1. 中国通号施工人员根据情况确认事项卡控要点确认情况，符合请打“√”，不符合打“×”。2. 运营通号配合人员监督中国通号施工人员按要求完成上述作业。

监理(签字)(非集中站未设)：＿＿＿＿＿＿　　日期：＿＿＿＿＿＿

中国通号施工人员(签字)：＿＿＿＿＿＿　　日期：＿＿＿＿＿＿

运营通号配合人员(签字)：＿＿＿＿＿＿　　日期：＿＿＿＿＿＿

表 7-21　轨旁设备安装现场安全卡控要点

序号	关键节点	盯控内容及标准	情况确认（中国通号）	备注
1	施工前	作业人员持证上岗，特别是高空作业人员须执证上岗，劳保用品配备齐全		
2		人员安全技术交底及危险告知		
3		根据作业需求确认办理动火令		
4		通信设备通话清晰		
5		人员精力充沛，意志集中，严禁酒后作业		
6		作业人员明确作业内容、施工范围、起止时间，严禁超范围施工		
7		对工器具进行检查，是否粘贴反光标示		
8		人员、工器具清点完毕		
9		检查手持电动工具绝缘是否良好，外壳、手柄是否有裂缝和破损		
10		成品保护设备设施齐全		
11	施工中	人员正确使用工器具，禁止违章作业		
12		设备安装平稳、牢固		
13		搬运设备、材料轻拿轻放，防止损坏设备和砸伤人员		
14		计轴磁头 2 m 范围内，不得频繁移动金属物件作业		
15		是否对既有轨旁设备进行保护		
16		废弃物集中回收，统一处理		
17		文明施工		
18	施工后	按规定撤出安全防护设备设施		
19		检查安装设备是否侵限		
20		清点人员、工器具，必须与进场数量一致		
21		对施工现场巡视，检查文明施工情况		
22		进行班后总结会		

注：1. 中国通号施工人员根据情况确认事项卡控要点确认情况，符合请打“√”，不符合打“×”。2. 运营通号配合人员监督中国通号施工人员按要求完成上述作业。

中国通号施工人员（签字）：____________　　日期：____________

运营通号配合人员（签字）：____________　　日期：____________

表 7–22　漏缆支架(打孔、安装)现场安全卡控要点

序号	关键节点	盯控内容及标准	情况确认（中国通号）	备注
1	施工前	作业人员持证上岗，特别是高空作业人员须执证上岗，劳保用品配备齐全		
2		人员安全技术交底及危险告知		
3		人员、工器具清点完毕		
4		人员精力充沛，意志集中，严禁酒后作业		
5		通信设备通话清晰		
6		作业人员明确作业内容、施工范围、起止时间，严禁超范围施工		
7		接触网停电作业，确认挂接地线良好，未进行验电、接地不可登高作业		
8		成品保护设备设施齐全		
9	施工中	按规定使用安全防护设备设施		
10		人员按要求穿戴安全防护用品		
11		人员正确使用工器具，禁止存在违章作业		
12		区间计轴磁头放置好防护罩		
13		使用梯子作业时，梯子须摆放平稳，至少一人做好监护，严禁两人同时登梯作业		
14		交叉作业时，禁止在同一竖直方向上下同时操作		
15		安全带禁止高挂低用，工具、材料严禁抛接，使用专门的工具包或牵引绳		
16		文明施工		
17		废弃物集中回收，统一处理		

续表7-22

序号	关键节点	盯控内容及标准	情况确认（中国通号）	备注
18	施工后	按规定撤出安全防护设备设施		
19		清点人员、工具，必须与进场数量一致		
20		对施工现场巡视，检查文明施工情况		
21		进行班后总结会		

注：1. 中国通号施工人员根据情况确认事项卡控要点确认情况，符合请打“√”，不符合打“×”。2. 运营通号配合人员监督中国通号施工人员按要求完成上述作业。

中国通号施工人员（签字）：＿＿＿＿＿＿　　日期：＿＿＿＿＿＿

运营通号配合人员（签字）：＿＿＿＿＿＿　　日期：＿＿＿＿＿＿

表 7–23　室内设备机柜安装现场安全卡控要点

序号	关键节点	盯控内容及标准	情况确认（中国通号）	情况确认（中车时代）	情况确认（监理）	备注
1	施工前	作业人员持证上岗，特别是高空作业人员须执证上岗，劳保用品配备齐全				
2		人员安全技术交底及危险告知				
3		人员、工器具清点完毕				
4		人员精力充沛，意志集中，严禁酒后作业				
5		通信设备通话清晰				
6		作业人员明确作业内容、施工范围、起止时间，严禁超范围施工				
7		成品保护设备设施齐全				
8		确认行走路线合理、路线中既有物品做好防护措施				
9		确认气灭打至人工位置				
10		确认屏蔽烟感				
11	施工中	按规定设置安全防护设备设施，配齐防护用品				
12		既有机柜设置硬隔离板				
13		既有机柜设置标识牌、警示牌				
14		作业人员遵守“三不动”“三不离”制度				
15		使用工具用绝缘胶带包裹				
16		使用临时电源时，设置带有漏电保护装置的配电箱				
17		室内既有设备悬挂安全警示标牌				
18		工器具粘贴反光标识				
19		废弃物集中回收，统一处理				

续表7-23

序号	关键节点	盯控内容及标准	情况确认（中国通号）	情况确认（中车时代）	情况确认（监理）	备注
20	施工后	清点人员、工具与进场一致				
21		撤除安全警示标牌				
22		对施工现场巡视，检查文明施工情况				
23		确认气灭打至自动位置				
24		确认烟感恢复正常				
25		检查既有设备运行情况良好				
26		进行班后总结会				

注：1. 中国通号施工人员根据情况确认事项卡控要点确认情况，符合请打“√”，不符合打“×”。2. 运营通号配合人员监督中国通号施工人员按要求完成上述作业。

中车时代配合人员（签字）：____________　　　日期：____________

中国通号施工人员（签字）：____________　　　日期：____________

监理（签字）（非集中站未设）：____________　　　日期：____________

运营施工负责人（签字）：____________　　　日期：____________

表 7-24 室内设备线槽安装安全卡控要点

序号	关键节点	盯控内容及标准	情况确认（中国通号）	备注
1	施工前	作业人员持证上岗，特别是高空作业人员须执证上岗，劳保用品配备齐全		
2		人员安全技术交底及危险告知		
3		人员、工器具清点完毕		
4		人员精力充沛，意志集中，严禁酒后作业		
5		通信设备通话清晰		
6		作业人员明确作业内容、施工范围、起止时间，严禁超范围施工		
7		检查安全、技术交底		
8		确认气灭打至人工位置		
9		线槽、走线架按照设计平面布置图配置		
10		线槽、走线架无变形且表面光滑，无割伤风险，组装时使用零件齐全		
11		支架在安装前经热镀锌等防腐处理		
12	施工中	核查主干径路、预留孔洞位置，吊顶、地面标高等		
13		由终端设备位置确定管线分支位置及安装方式		
14		使用切割机时注意用电安全		
15		槽、架连接时连接零件螺杆紧固到位，槽、架与机柜连接处螺杆紧固到位，无滑丝等安全隐患		
16		管线槽安装时，管子应切割光滑、无毛刺		
17		过程中按照工艺标准及操作规程施工		
18		管线槽定位径路尽量减少管线转弯，尽量避免与其他管线交叉		
19		废弃物集中回收，统一处理		

续表7-24

序号	关键节点	盯控内容及标准	情况确认（中国通号）	备注
20	施工后	槽、架安装稳固，无螺栓紧固不到位、滑丝、晃动等问题		
21		既有线缆无移位、损伤		
22		既有设备运行情况良好		
23		确认气灭打至自动位置		
24		按规定撤出安全防护设备设施		
25		清点人员、工具，必须与进场数量一致		
26		对施工现场巡视，检查文明施工情况		
27		进行班后总结会		

注：1. 中国通号施工人员根据情况确认事项卡控要点确认情况，符合请打“√”，不符合打“×”。2. 运营通号配合人员监督中国通号施工人员按要求完成上述作业。

中国通号施工人员（签字）：＿＿＿＿＿＿　　日期：＿＿＿＿＿＿

运营通号配合人员（签字）：＿＿＿＿＿＿　　日期：＿＿＿＿＿＿

表 7-25　室内设备电缆敷设、配线现场安全卡控要点

序号	关键节点	盯控内容及标准	情况确认（中国通号）	备注
1	施工前	作业人员持证上岗，特别是高空作业人员须执证上岗，劳保用品配备齐全		
2		人员安全技术交底及危险告知		
3		人员、工器具清点完毕		
4		人员精力充沛，意志集中，严禁酒后作业		
5		通信设备通话清晰		
6		作业人员明确作业内容、施工范围、起止时间，严禁超范围施工		
7		检查安全、技术交底		
8		确认气灭打至人工位置		
9		线缆走线按照设计平面布置图配置		
10		电缆外观完好无损；铠装无锈蚀，无机械损伤，无明显皱褶和扭曲现象；外皮及绝缘层无老化及裂纹		
11	施工中	所有的控制线缆走线都应与功率电缆分开；电缆走线强电与弱电分隔距离超过 500 mm，条件不满足时采取硬隔离措施		
12		电缆入槽敷设时，应保护好现有电缆，不能生拖硬拽，防止损坏既有线缆		
13		电缆敷设时严禁有绞拧、铠装压扁、护层断裂和表面严重划伤等缺损；严禁在管道上面或下面平行敷设；电缆过孔洞须采用阻燃胶垫防护		
14		电缆沿桥架或托盘敷设时，应单层敷设，排列整齐；不得有交叉，拐弯处应以最大截面电缆允许弯曲半径为准；在桥架内敷设完毕后须对既有桥架进行复原		
15		室内所有线缆布线禁止出现环状，布放线缆时，应留有适当的做头备用量		

续表 7-25

序号	关键节点	盯控内容及标准	情况确认（中国通号）	备注
16	施工中	配线绑扎整齐、间隔均匀，表面线条和出线部位顺直、美观；线条中间不得损伤、破皮和接头，配线不得被挤压；各种配线从走线架引下处加胶皮垫圈防护，以防损伤线皮		
17		组合柜（架）配线采用上走线方式，走线必须平、顺、直，并布放在防护金属走线架；分层布线，以满足不同性质配线分色走线的需要；走线架闭合时，加装绝缘隔离		
18		所有配线套管标识好来向及去向		
19		配线端子冷压插针压接牢固不松动，插入线孔后稳固无松脱迹象		
20	施工后	电缆终端头、电缆中间接头处应挂标识牌；标识牌规格应一致，并有防腐性能；挂装应牢固；标识牌上应注明电缆编号、规格、型号及用途		
21		电缆槽盖板在放线后立即盖上，线缆敷设入柜后须及时固定		
22		既有线缆无移位、损伤		
23		既有设备运行情况良好		
24		气灭打至自动位置		
25		按规定撤出安全防护设备设施		
26		清点人员、工具，必须与进场数量一致		
27		对施工现场巡视，检查文明施工情况		
28		进行班后总结会		

注：1. 中国通号施工人员根据情况确认事项卡控要点确认情况，符合请打“√”，不符合打“×”。2. 运营通号配合人员监督中国通号施工人员按要求完成上述作业。

中国通号施工人员（签字）：__________　　日期：__________

运营通号配合人员（签字）：__________　　日期：__________

表 7-26　光电缆引入现场安全卡控要点

序号	关键节点	盯控内容及标准	情况确认（中国通号）	备注
1	施工前	作业人员持证上岗，特别是高空作业人员须执证上岗，劳保用品配备齐全		
2		人员安全技术交底及危险告知		
3		人员、工器具清点完毕		
4		人员精力充沛，意志集中，严禁酒后作业		
5		通信设备通话清晰		
6		作业人员明确作业内容、施工范围、起止时间，严禁超范围施工		
7		成品保护设备设施齐全		
8		确认气灭打至人工位置		
9		检查单盘外观状态良好及测试记录正常		
10		作业区设置安全防护设施		
11	施工中	光电缆盘放置平稳、牢固		
12		架设光电缆盘处设有警示灯		
13		光电缆绑扎牢固		
14		既有设备(光电缆)的保护措施落实到位		
15		电缆接续及引入终端完成后，及时进行引入终端检验批和分项工程验收		
16		与既有线缆交叉处，提前将既有线缆防护到位，做好物理防护措施		
17	施工后	既有线缆无移位、损伤		
18		按规定撤出安全防护设备设施		
19		清点人员、工具，必须与进场数量一致		
20		确认气灭打至自动位置		
21		对施工现场巡视，检查文明施工情况		
22		既有设备运行情况良好		
23		进行班后总结会		

注：1. 中国通号施工人员根据情况确认事项卡控要点确认情况，符合请打“√”，不符合打“×”。2. 运营通号配合人员监督中国通号施工人员按要求完成上述作业。

中国通号施工人员（签字）：____________　　日期：____________

运营通号配合人员（签字）：____________　　日期：____________

表 7-27　室内机柜部件安装现场安全卡控要点

序号	关键节点	盯控内容及标准	情况确认（中国通号）	备注
1	施工前	作业人员持证上岗，特别是高空作业人员须执证上岗，劳保用品配备齐全		
2		人员安全技术交底及危险告知		
3		人员、工器具清点完毕		
4		人员精力充沛，意志集中，严禁酒后作业		
5		通信设备通话清晰		
6		作业人员明确作业内容、施工范围、起止时间，严禁超范围施工		
7		检查安全、技术交底		
8		确认气灭打至人工位置		
9		确认屏蔽烟感		
10	施工中	不得触碰既有机柜内部开关、配线		
11		既有设备保护措施（软隔离带、硬质挡板）落实到位		
12		废弃物集中回收，统一处理		
13	施工后	清点人员、工具，必须与进场一致		
14		撤除安全警示标牌		
15		对施工现场巡视，检查文明施工情况		
16		确认气灭打至自动位置		
17		确认烟感恢复正常		
18		既有设备运行情况良好		
19		进行班后总结会		

注：1. 中国通号施工人员根据情况确认事项卡控要点确认情况，符合请打“√”，不符合打“×”。2. 运营通号配合人员监督中国通号施工人员按要求完成上述作业。

中国通号施工人员（签字）：____________　　日期：____________

运营通号配合人员（签字）：____________　　日期：____________

第 8 章

施工安全管理

8.1 人员安全管理

8.1.1 岗位职责

(1)负责配合、监督施工单位人员按照运营公司相关管理要求办理请销点。

(2)监督各作业面施工进场、撤场，确保施工作业“三清”。

(3)参加施工作业班前总会。

(4)督促现场施工单位遵守运营公司相关管理规定，安全文明施工。

(5)确保轨行区设备安装符合设计、安装规范要求，施工安装设备不发生松脱、侵限事件。

(6)确保施工不得损坏、影响既有设备正常运行。

(7)督促施工单位按照施工方案要求进行，确保施工现场运营施工配合人员、施工单位盯控干部、施工单位作业工长、施工单位作业小队长、施工监理、总包单位现场负责人(中车时代)履职履责，安全、质量、计量互控到位。

(8)填写方案相关互控表、施工日志、施工日报，汇总提报当晚施工存在问题。

(9)现场突发应急情况下组织协调。

(10)检查施工现场服务人员到岗、工作完成质量、出勤时长，对存在问题进行考评。

(11)动态巡查作业包保区各作业面施工情况，对施工安全、质量关键点进行重点把控。

(12)每月检查现场安全质量问题不少于6条。

8.1.2 行动指引

(1)当日10：00前，联系中国通号，沟通当晚施工相关事宜，获取外单位日施工方案。

(2)当日10：00前，将当晚的作业组施工配合人员(部门内部)信息反馈至施工负责人(中国通号)。施工负责人须将施工负责人姓名及联系方式、参加该项作业的所有作业人员姓名等反馈至综合机电部。

(3)当日11：00，组织当晚施工配合人员(部门内部)召开视频会议，安排施工任务。

(4)当日12：00前，编制当晚施工配合方案发中车时代、监理、中国通号、配合部门、既有车间。

(5)当日14：00，由施工负责人(中国通号)复核停电工作票(作业组成员、作业地点、工作内容、作业时间、工作负责人、需停电设备)无误后反馈至综合机电部。

(6)当日21：00，由施工负责人(中国通号)接收综合机电部对相应车站OV柜闭合反馈。

(7)当日21：30前，由施工负责人(中国通号)与电调完成“接触网停电工作票”一致性的核对工作。

(8)当日22：30前，与OCC运营配合保障人员联系确认当晚施工项目方案内容，做好应急保障准备工作。

(9)在班前会召开前与施工配合负责人、监理代表、中车保障人员、中国通号施工队工长确认人员到位、物资到位、防疫情况是否良好，并填写《施工负责人现场卡控表》。

(10)作业前60 min，参加由施工负责人(中国通号)组织的施工作业前总会，确认运营施工配合人员、施工单位盯控干部、施工单位作业工长、施工单位作业小队长、施工监理、总包单位现场负责人(中车时代)参会；会议由施工负责人宣读以下内容，施工配合负责人监督落实流程到位。

1）安排专人做好参加人员签名登记、拍照、录音记录；

2）对施工负责人、施工配合负责人、运营施工配合人员、施工单位盯控干部、施工单位作业工长、施工单位作业小队长、施工监理、总包单位现场负责人（中车时代）进行点名；

3）交底施工作业内容：作业代码、作业时间、作业区域、作业内容、施工负责人和 OCC 保障人员联系方式；

4）宣读关键岗位重点工作内容及职责；

5）通报当晚作业须进行动火、登高、屏蔽烟感、挂接地线等情况；

6）确认各作业面人员、工器具、材料到位，以及作业人员劳动防护用品穿戴、作业人员防疫双码、作业人员精神状态、施工人员作业资质（动火令、登高、挂接地线）等情况；

7）施工配合负责人对当晚施工内容安全技术进行交底（根据作业区域、作业环境、作业特点、重点内容，强调安全风险），并进行“五确认、五落实”；

8）明确各作业面安全防护措施；

9）明确各站进、出端门人数；

10）明确轨行区作业面计轴磁头防护罩带入防护要求，带入、带出数量；

11）中车时代、监理对当晚施工主要内容及重点注意事项进行交底宣贯。

（11）接各作业面分会召开完毕汇报后，确认施工区域设备设施运行正常，配合施工负责人（中国通号）到主站请点。

（12）与集中站施工配合员对进入信号设备机房的工器具进行数量清点。

（13）批点后，施工负责人（中国通号）向电调请令，通知施工单位挂地线；接到综合机电部地线核查无误的通知后，通知各作业面进场作业。

（14）V 形天窗临线有车运行时，作业人员在走行线路与行车线路间的，施工单位须安排专项安全防护人员进行防护；同时施工单位 OCC 盯控人员实时向现场防护人员通知来车信息。

（15）作业开始后，确认各作业面施工安全防护设置情况，重点监督设施设备质量控制点和关键部位、环节的施工，掌握作业人员动向、作业开展情况。

（16）施工负责人（中国通号）每 1 h，询问各作业面施工情况，防止出现延点作业、超方案内容作业等其他异常情况。

(17)作业中，对施工现场开展抽查，发现异常情况及时制止。督促中车保障人员、作业队工长、监理人员落实安全卡控职责，填写《施工负责人现场卡控表》。

(18)通过800M通话和各作业面施工配合人员卡控施工进度。

(19)作业结束前50 min，轨行区作业面施工队停工撤场，与施工配合人员、施工负责人(中国通号)确认所有作业有关人员已撤离，有关设备、设施已恢复正常，工器具、物料已撤走，防护措施已撤除，以及无妨碍行车和设备安全因素等条件。

(20)作业结束前30 min，组织信号设备房作业面施工队停工撤场，与施工配合人员、施工负责人(中国通号)、监理、中车保障人员确认所有作业有关人员已撤离，有关设备、设施已恢复正常，工器具、物料已撤走，防护措施已撤除，以及无妨碍行车和设备安全因素等条件。

(21)与施工负责人(中国通号)、中车保障人员确认人员、工器具出清，以及设备设施运行情况，填写《施工负责人现场卡控表》。

(22)与监理代表、中车保障人员、施工负责人(中国通号)确认施工区域设备状态是否正常，并填写《施工负责人现场卡控表》；与OCC保障人员确认施工区域设备设施状态是否正常。

(23)由施工负责人(中国通号)通知施工单位拆地线(具备资质人员)，接到综合机电部地线拆除核查无误的通知，确认人员物料出清后，向电调销令、向车站销点。

(24)销点后，参加由施工负责人(中国通号)组织的施工作业后总会，确认运营施工配合人员、施工单位盯控干部、施工单位作业工长、施工单位作业小队长、施工监理、总包单位现场负责人(中车时代)参会；会议由施工负责人宣读以下内容，施工配合负责人监督落实流程到位。

1)组织参会人员点到；

2)施工负责人组织各单位、作业面汇报当日施工人员物料出清情况、作业内容完成情况，汇总各作业面所发现的问题，并组织学习总结(术语：XX队本次施工发现问题X例，问题一X X X，问题二X X X……)；

3)与OCC运营配合保障人员联系确认施工完成，安排现场人员值守至次日上午9点(结束OCC运营保障术语：XX区域本次施工完成，人员、工器具、材料等全部出清，防护已撤除，现场值守人员已就位)。

（25）详细记录每天的施工情况形成施工日报，记录施工日志及质量、计量记录情况以备查验。

（26）突发故障应急处置指挥协调：

1）向 OCC 汇报故障信息；

2）根据故障实际情况，下达施工停工指令，组织出清、销点；

3）组织故障恢复，协调备品备件运送，以及既有工班人员支援；

4）故障影响扩大至施工点后，立即向 OCC 汇报；

5）故障恢复后，安排人员保障值守至次日上午 9 点。

8.1.3　安全风险数据库

风险安全数据库如表 8-1 所示。

表 8-1　安全风险数据库

序号	风险点（工作单元/操作步骤）	风险描述和导致后果	管控措施	风险等级	备注
1	安全保护区结构垮塌风险	1. 打穿区间隧道，破坏车站主体结构； 2. 主电缆线断裂，造成供电中断； 3. 主干光缆断裂，造成线网通信中断； 4. 导致设备损害，人员伤亡； 5. 严重破坏地铁正常运营，导致设备损害，人员伤亡	1. 加大《长沙市轨道交通管理条例》关于地铁保护区管理的宣传力度，确保车间全员充分了解实施保护区管理的重要性，在保护区非法施工产生的严重安全危害； 2. 当出现因施工造成设备故障、异常时，车间负责所辖设备抢修； 3. 必要时进行旁站值守，负责管辖专业内的设备设施，使其状态良好；定期开展功能测试，发现异常情况及时制止和反馈；接到突发事件应急抢险信息后，根据《运营公司突发事件综合应急预案》等相关预案规定，做好相关层级响应，配合开展突发事件应急抢险工作	重大	红

续表 8-1

序号	风险点（工作单元/操作步骤）	风险描述和导致后果	管控措施	风险等级	备注
2	车站、车辆段、停车场、OCC、发生火灾	车站、车辆段、停车场、OCC 等场所发生火灾 导致设备损坏、人员伤亡	一、制度管控措施 1. 严格落实本单位的消防安全责任制及相关消防规章制度、应急预案等； 2. 严格落实本单位用电安全规范； 3. 严格按照《运营公司消防安全管理办法》中的要求开展临时动火作业 二、设备设施管控措施 1. 进行设计审核、验收工作时，对新建、改建项目，以及新增购的各类设备设施须核实是否满足相关防火设计规范要求； 2. 物资采购时对采购的电气设备产品严格把关，杜绝“三无产品”； 3. 车间按照消防相关法律法规制定电气设备、消防相关设备设施的检修维护规程，严格按要求检修维护； 4. 定期参与公司组织的消防设施检测与评估，对检测和评估发现的问题，督促相关单位进行整改 三、人员管控措施 1. 定期组织开展消防安全培训、宣传，确保全员能够熟练掌握灭火器、消火栓的使用方法和其他消防应知应会内容； 2. 制定消防应急演练计划，并严格按要求组织实施；	重大	红

续表 8-1

序号	风险点（工作单元/操作步骤）	风险描述和导致后果	管控措施	风险等级	备注
2	车站、车辆段、停车场、OCC、发生火灾	车站、车辆段、停车场、OCC 等场所发生火灾 导致设备损坏、人员伤亡	3. 定期组织开展消防安全隐患排查和安全检查，对检查发现的问题督促相关部门进行整改； 4. 严格遵守公司吸烟管理规定，在车站范围内严禁吸烟 四、环境管控措施 1. 利用综合监控系统对重要设备房进行温湿度监控，值班人员发现异常时，立即上报处理； 2. 各区域及设备房归属责任车间按要求开展渗漏水和鼠害整理防范工作，防止设备短路引发火灾； 3. 对外部施工方案审核时，须对施工可能造成的火灾次生灾害的防范措施进行审核确认	重大	红
3	异物侵限	1. 施工结束后，设备、物料、工器具未出清； 2. 线缆固定不牢固或废弃电缆未进行绑扎，遗留轨行区，发生掉落、侵限； 3. 信号机、计轴磁头、应答器、无线局域网报发器（access point，AP）天线等轨旁设备安装不规范、不牢固，侵入限界；	1. 施工负责人及施工作业人员须提前了解当晚施工作业人数、作业内容及工器具等准备情况，并在作业前召开预备会，进行安全技术交底； 2. 进入端门前，施工负责人须清点人员、工器具、物料等，同一项施工的所有施工人员须跟随施工负责人/联络人执行“同进同出”制度；	重大	红

续表 8-1

序号	风险点(工作单元/操作步骤)	风险描述和导致后果	管控措施	风险等级	备注
3	异物侵限	4. 遗留塑料袋、编织袋等轻质物，在地铁活塞风的作用下，挂至接触网； 5. 计轴磁头、应答器、AP 天线等轨旁设备箱盒箱体开盖或脱落，导致侵限； 6. 造成人车冲突、脱轨，设备损坏、人员伤亡	3. 施工负责人作业销点前对施工区域进行全面排查，设备安装后须进行安装质量、防松防脱检查，确保设备安装牢固、绑扎牢固、锁闭紧固，无遗留线缆； 4. 施工结束后，施工负责人须认真检查所有的人员、设备、物料、工器具、包装袋、编织袋等全部出清，安全防护措施撤除，方可申请销点	重大	红
4	工程车装卸物料掉落侵入限界	1. 工程车装卸物件物料未固定或未整齐稳固堆放，导致物件物料掉落和侵入限界； 2. 造成设备损坏，人员伤亡	1. 施工负责人作业前召开预备会，做好安全交底，确保作业人员了解作业时间、内容，作业存在的安全风险及相应防控措施； 2. 工程车运行前，须确认物料装载加固符合技术规范，绑扎牢固； 3. 装载作业过程中，须安排专人负责盯控，发现异常情况立即停止作业； 4. 运输时须加强对物料的监控，发现异常情况立即停车； 5. 无法恢复设备为正常状态时，立即启动应急预案，确保对运营不造成影响或降低影响	重大	红

续表8-1

序号	风险点(工作单元/操作步骤)	风险描述和导致后果	管控措施	风险等级	备注
5	施工人员非法进入轨行区	施工人员非法进入轨行区时，司机、行车值班员未及时报告，导致造成人车冲突、脱轨，设备损坏、人员伤亡	1. 严格遵守《长沙轨道交通 2 号线行车组织规则》《运营公司施工检修管理办法》，严格落实调度命令发布、执行规定，落实应急情况下行车组织要求； 2. 车辆部加强车辆段和停车场轨行区管理，防止人员非法进入轨行区； 3. 车务部须加强车站端门管理，严禁任何人员私自开启站台端门进入轨行区； 4. 接到有人员非法进入轨行区时，扣停开往该区间的上、下行列车，通知两端车站派人在端门处进行把守； 5. 若人员在站台附近(车站可看见该人时)，通知车站安排保安或地铁公安下线路，将其带至站台处理，如进入区间人员已远离车站(车站无法看见该人时)，则组织后续列车在后方站清客，安排两端站人员及保安(地铁公安)上车协助处理； 6. 组织空车限速 5 km/h 巡视，发现人员后将其带回列车，限速 15 km/h 运行至前方站； 7. 运营结束后，组织相关人员进入该隧道线路检查	较大	橙

续表8-1

序号	风险点(工作单元/操作步骤)	风险描述和导致后果	管控措施	风险等级	备注
6	进错区域或超范围施工	1. 作业人员通过五一广场联络线错误进入1号线轨行区; 2. 作业人员进错作业区域或超出作业范围施工; 3. 发生人员触电、人车冲突,造成人员伤亡	1. 定期组织施工单位开展施工安全教育培训,确保全员熟知地铁施工流程及安全注意事项; 2. 作业前,施工负责人须做好安全交底,确保作业人员了解作业时间、区域、内容,以及作业存在的安全风险及相应防控措施; 3. 施工负责人做好施工过程管控,重点监督设施设备质量控制点和关键部位、环节的施工,掌握作业人员动向、作业开展情况	较大	橙
7	未按要求销点、恢复设备	1. 因作业预想不充分,导致作业时间不够,无法在规定的时间内完成作业或恢复设备正常状态; 2. 信号设备无法正常使用,影响正常运营	1. 定期组织施工单位开展施工安全教育培训,确保全员熟知地铁施工流程及安全注意事项; 2. 施工负责人作业前召开预备会,做好安全交底,确保作业人员了解作业时间、内容,以及作业存在的安全风险及相应防控措施; 3. 施工负责人做好作业过程安全预想,倒排施工作业时间,预留充分时间进行设备状态恢复及销点; 4. 所有施工遇特殊情况需延长施工作业时间时,施工负责人须在计划结束前30 min向行调提出申请,得到行调同意后方可延长,原则上只能延点一次; 5. 无法恢复设备为正常状态时,立即启动应急预案,确保对运营不造成影响或降低影响	较大	橙

续表 8-1

序号	风险点(工作单元/操作步骤)	风险描述和导致后果	管控措施	风险等级	备注
8	工程车破坏设备	因作业人员违章操作或操作不当，导致工程车吊臂损害接触网、屏蔽门、轨旁设备等	1. 工程车吊装作业前，须编制吊装作业施工方案，审批通过后方可实施； 2. 施工负责人作业前召开预备会，做好安全交底，确保作业人员了解作业时间、内容，以及作业存在的安全风险及相应防控措施； 3. 工程车运行前，须确认吊臂绑扎牢固； 4. 作业前，须对工程车吊装设备进行检查，确保状态良好，确认吊装物品绑扎牢固，无掉落、崩断等风险； 5. 吊装作业过程中，须安排专人负责盯控，发现异常情况立即停止作业； 6. 无法恢复设备为正常状态时，立即启动应急预案，确保对运营不造成影响或降低影响	较大	橙
9	轨行区施工导致设备损坏、故障	1. 施工不规范，造成信号机、计轴磁头、站台ATO通信器（platform automatic train operation communicator，PAC）环线、应答器、AP天线等轨旁设备损坏、受干扰，导致设备故障； 2. 导致信号设备故障	1. 施工负责人作业前召开预备会，做好安全交底，确保作业人员了解作业时间、内容，以及作业存在的安全风险及相应防控措施； 2. 作业前，施工负责人对施工方案进行宣贯，明确人员行走路径及施工使用金属工器具、金属材料应绕开轨旁设备区域，防止金属器物干扰或剐蹭设备，同时现场人员做好盯控和监督；	一般	黄

续表 8-1

序号	风险点(工作单元/操作步骤)	风险描述和导致后果	管控措施	风险等级	备注
9	轨行区施工导致设备损坏、故障	1. 施工不规范，造成信号机、计轴磁头、PAC 环线、应答器、AP 天线等轨旁设备损坏、受干扰，导致设备故障； 2. 导致信号设备故障	3. 严格管理平板车使用，运输材料及工器具时做好固定及防侵限措施，以免磕碰、剐蹭既有设备； 4. 施工负责人做好施工过程监管，督促作业人员按施工方案开展作业，施工过程采取施工一段、防护一段，必要时设置警戒线； 5. 施工负责人作业销点前对施工区域进行全面排查，检查确认各项轨旁设备状态是否良好、相关设备运行是否正常； 6. 无法恢复设备为正常状态时，立即启动应急预案，确保对运营不造成影响或降低影响	一般	黄
10	设备房施工导致设备损坏、故障	1. 新设备安装、旧设备拆除、设备搬运移动过程中，设备保护不到位，导致正在使用的设备、线缆损坏，或引发设备故障； 2. 导致信号设备故障	1. 施工负责人作业前召开预备会，做好安全交底，确保作业人员了解作业时间、内容，以及作业存在的安全风险及相应防控措施； 2. 作业前，施工负责人对施工方案进行宣贯，提前规划行走路径，设置专人指挥，将可能发生碰撞的设备进行隔离或包封； 3. 施工负责人做好施工过程监管，督促作业人员按施工方案开展作业，施工过程采取施工一段，防护一段，以免磕碰、剐蹭既有设备，必要时设置警戒线，并设专人防护；	一般	黄

续表 8-1

序号	风险点(工作单元/操作步骤)	风险描述和导致后果	管控措施	风险等级	备注
10	设备房施工导致设备损坏、故障	1. 新设备安装、旧设备拆除、设备搬运移动过程中，设备保护不到位，导致正在使用的设备、线缆损坏，或引发设备故障； 2. 导致信号设备故障	4. 严禁踩踏在既有线线槽内，严禁私自乱动既有线线槽内的线缆； 5. 施工负责人作业销点前对施工区域进行全面排查，检查线缆状态是否良好，相关设备运行是否正常； 6. 无法恢复设备为正常状态时，立即启动应急预案，确保对运营不造成影响或降低影响； 7. 新增信号关键设备作业，须提前准备相关备件进行应急保障	一般	黄
11	漏缆工程施工	1. 卡具安装不牢固； 2. 卡具安装时钻孔破坏隧道壁结构； 3. 漏缆固定不牢固，掉落侵入限界； 4. 牵引供电送电前未确认设备安全接地是否连接良好； 5. 设备侵入限界，造成列车剐蹭、设备损坏	1. 施工负责人作业前召开预备会，做好安全交底，确保作业人员了解作业时间、内容，以及作业存在的安全风险及相应防控措施； 2. 作业前，施工负责人对施工方案进行宣贯，确保作业人员掌握作业要求，按施工方案开展卡具安装、钻孔、漏缆固定等工作； 3. 施工负责人做好施工过程监管，督促作业人员按施工方案开展作业； 4. 施工负责人作业销点前对施工区域进行全面排查，确保卡具、漏缆固定稳固，无侵限风险； 5. 施工负责人做好作业过程安全预想，对钻孔、牵引供电等风险点细化措施，具体到人对照专项防护方案，逐一督促落实到位； 6. 无法恢复设备为正常状态时，立即启动应急预案，确保对运营不造成影响或降低影响	一般	黄

续表8-1

序号	风险点(工作单元/操作步骤)	风险描述和导致后果	管控措施	风险等级	备注
12	轨旁设备安装	1. 未严格按作业指导书、技术交底施工； 2. 牵引供电送电前未确认设备安全接地是否连接良好； 3. 造成设备故障、设备损坏	1. 施工负责人作业前召开预备会，做好安全交底，确保作业人员了解作业时间、内容，以及作业存在的安全风险及相应防控措施； 2. 作业前，施工负责人对施工方案进行宣贯，确保作业人员掌握作业要求，按作业指导书开展工作； 3. 施工负责人做好施工过程监管，督促作业人员按施工方案开展作业； 4. 施工负责人作业销点前对施工区域进行全面排查，确保设备安装到位； 5. 施工负责人做好作业过程安全预想，对牵引供电等风险点，细化措施，具体到人，对照专项防护方案，逐一督促落实到位； 6. 无法恢复设备为正常状态时，立即启动应急预案，确保对运营不造成影响或降低影响	一般	黄
13	室内设备安装及配线	1. 设备第一次上电前，未进行线缆配线核对； 2. 室内施工未做好防鼠、防潮、防尘等措施； 3. 线缆配线施工中间接头；	1. 施工负责人作业前召开预备会，做好安全交底，确保作业人员了解作业时间、内容，以及作业存在的安全风险及相应防控措施； 2. 作业前，施工负责人对施工方案进行宣贯，确保作业人员掌握作业要求，落实防控要求，按作业指导书开展工作；	一般	黄

续表 8-1

序号	风险点(工作单元/操作步骤)	风险描述和导致后果	管控措施	风险等级	备注
13	室内设备安装及配线	4. 机柜设备安装过程成品保护措施不到位; 5. 倒切过程中拆配线错误导致倒切测试未正常恢复; 6. 施工中踩踏相关配线导致配线损伤,造成设备损坏	3. 施工负责人做好施工过程监管,督促作业人员按施工方案开展作业,落实防鼠、防潮、防尘、成品保护等措施; 4. 施工负责人作业销点前对施工区域进行全面排查,确保线缆固定到位; 5. 施工负责人做好作业过程安全预想,对线缆配线核对、配线中间做接头、倒切测试未正常恢复等风险点,细化措施,具体到人,形成专项防护方案,逐一督促落实到位; 6. 室内设备安装及配线不得盲目拽、拉既有电缆,防止既有电缆受损、断裂,所有新设电缆与既有电缆须做好标识区分	一般	黄
14	交叉施工	1. 通过正在进行高空作业区域(如接触网施工)时,防高空坠物意识不强; 2. 滞留在吊装作业的吊车等机械设备下方、设备安全限界范围内; 3. 接触施工现场临时用电设施、临时用电线缆;	1. 施工负责人作业前召开预备会,做好安全交底,确保作业人员了解作业时间、内容,以及作业存在的安全风险及相应防控措施; 2. 作业前,施工负责人对施工方案进行宣贯,确保作业人员掌握作业要求,落实防控要求,按作业指导书开展工作; 3. 施工负责人做好施工过程监管,督促作业人员按施工方案开展作业,落实高空作业、机械作业、带电作业等措施;	一般	黄

续表 8-1

序号	风险点(工作单元/操作步骤)	风险描述和导致后果	管控措施	风险等级	备注
14	交叉施工	4. 安全防护不到位，导致高空坠物、触电、机械伤人、人身伤害	4. 施工负责人做好作业过程安全预想，对高空作业、机械作业、带电作业等风险点，细化措施，具体到人，形成专项防护方案，逐一督促落实到位； 5. 特殊情况下多家施工单位进入同一封锁区间内施工的，由主要施工单位负责防护、请销点；主要施工单位由施工协调会确定，其他单位作为配合单位	一般	黄
15	人员坠落	施工现场的预留洞口、通道口、沟、坑、槽未安装盖板或张贴安全警示标志，发生人员坠落，造成人员伤亡	1. 作业前，施工负责人须对施工作业人员进行安全交底，确保作业人员掌握作业区域存在的安全风险及安全注意事项； 2. 施工作业前，须打开区间照明，保证光线充足，照明设备发生故障的，须及时修复； 3. 在存在掉落风险的孔洞口、通道口、沟、坑、槽处设置安全警示标识，加强提醒，必要时加装防护盖板； 4. 正确穿戴劳保鞋、安全帽等防护用品，作业过程中做好自控、互控、他控	一般	黄
16	有限空间作业	人员进入电缆层或通道，氧气浓度不足或存有毒有害气体导致窒息、中毒，造成人员伤亡	1. 严格实行作业审批制度，严禁擅自进入有限空间作业； 2. 作业前须做到“先通风、再检测、后作业”，严禁在未通风、检测不合格时作业；	一般	黄

续表 8-1

序号	风险点(工作单元/操作步骤)	风险描述和导致后果	管控措施	风险等级	备注
16	有限空间作业	人员进入电缆层或通道，氧气浓度不足或存有毒有害气体导致窒息、中毒，造成人员伤亡	3. 按要求配备个人防中毒窒息等防护装备，设置安全警示标识，严禁无防护监护措施作业； 4. 对作业人员进行安全培训，严禁教育培训不合格者上岗作业； 5. 作业前须制定应急措施，现场配备应急装备，严禁盲目施救； 6. 作业人员须有人监护，监护人员必须始终与密闭空间内的人员保持联系； 7. 在作业过程中发现有呼吸困难、心跳加快、呕吐、头晕等症状时，要及时呼救；有人晕倒时，监护人员应立即通知现场救护人员，采取措施使其尽快脱离现场	一般	黄
17	大型材料、设备、工器具等搬运	1. 搬运大型材料、设备、工器具等过程中，发生倾覆、掉落等，砸伤人员； 2. 搬运大型材料、设备时损坏车站屏蔽门、电梯、安检机、PIS、售票机、安检门等设备设施； 3. 违规使用车站电扶梯运送设备设施、材料等，造成扶梯故障、梯级塌陷，导致人员伤害；	1. 搬运大型材料、设备时，须编制专项运输保证方案，方案经审批通过后方可实施； 2. 作业前，施工负责人须对施工作业人员进行安全交底，确保作业人员掌握搬运过程中存在的安全风险； 3. 搬运工过程中，须安排专人负责现场指挥和盯控，发现安全隐患，立即停止作业； 4. 车站加强电扶梯的管理，严禁人员使用电扶梯运送物品； 5. 使用垂梯搬运货物时，严禁超重，并做好安全防护；	一般	黄

续表 8-1

序号	风险点（工作单元/操作步骤）	风险描述和导致后果	管控措施	风险等级	备注
17	大型材料、设备、工器具等搬运	4. 使用垂梯搬运超重、超长物品或搬运时未按要求做好防护，造成垂梯损坏，导致垂梯困人，造成人员伤亡、设备损坏	6. 搬运前须认真检查绑绳、抬杠等工具状态，确保工具无损坏，状态良好，方可使用，严禁超负荷使用； 7. 搬运人员须按要求穿戴好安全防护用品，搬运过程中，做好呼唤应答，保持协调一致	一般	黄
18	高处作业	1. 高处作业时未按要求佩戴安全帽，未正确使用安全带，发生高处坠落； 2. 高处作业时，作业人员违规抛物，砸伤人员； 3. 高处作业时，工器具、设备等摆放不合理，发生掉落，砸伤人员或设备； 4. 登梯作业，人员违规操作或防护不到位，发生人员摔伤，造成人员伤亡、设备损坏	1. 高处作业须持证上岗； 2. 高处作业人员按要求佩戴安全帽，正确穿戴、悬挂安全带； 3. 高处作业人员作业时应携带工具包，工器具应平稳放置，严禁将工器具和材料放在平台边缘； 4. 登梯作业时，梯子须摆放平稳，安排专人防护； 5. 高处作业禁止接打电话，严禁高处抛接工器具和材料； 6. 脚手架等登高设施搭设方案提前报备，并安排专人进行盯控	一般	黄
19	吊装作业	在吊装作业过程中，因设备状态不良、操作失误或防护不到位等，发生物品掉落，砸伤人员或设备，造成人员伤亡、设备损坏	1. 作业前，须制定吊装作业的保证方案，方案经审批通过后方可实施； 2. 作业前须进行安全技术交底，确保人员掌握吊装作业存在的安全风险；	一般	黄

续表 8-1

序号	风险点(工作单元/操作步骤)	风险描述和导致后果	管控措施	风险等级	备注
19	吊装作业	在吊装作业过程中，因设备状态不良、操作失误或防护不到位等，发生物品掉落，砸伤人员或设备，造成人员伤亡、设备损坏	3. 作业前须对吊装用大绳、钢丝绳、滑轮等工具进行检查，确保设备状态良好； 4. 吊装区域须设置警戒绳等防护，防止无关人员进入； 5. 严禁作业人员站在吊车大臂下方或范围内； 6. 作业过程中按要求由专人统一指挥； 7. 在上空设有电力线路且不能保证安全距离等地段不得进行吊装作业	一般	黄
20	电气设备安装、调试作业	在设备安装、检修、调试作业过程中，因违章作业或设备异常，发生人员触电，造成人员伤亡、设备损坏	1. 作业前须进行安全技术交底，确保人员掌握设备安装、调试作业存在的安全风险； 2. 作业人员须按要求穿戴安全防护用品； 3. 加强作业现场的检查，发现人员违章作业及时制止； 4. 人员未经允许不得擅自送电、操作设备； 5. 设备未经验电，一律视为有电，未经停电，严禁随意触碰； 6. 电气设备接线须符合规范，严禁出现错接、虚接、漏接等； 7. 作业过程中，做好自控、互控、他控	一般	黄

续表8-1

序号	风险点(工作单元/操作步骤)	风险描述和导致后果	管控措施	风险等级	备注
21	气灭房施工作业	1. 进入设备房未将气灭打为手动，发生误喷，造成人员窒息； 2. 出设备房未将气灭打为自动，发生火情，气灭系统无法启动，造成设备损坏、人员伤亡； 3. 人员进出设备房时，误操作启动气灭系统，造成人员伤亡、设备损坏	1. 进入气灭间作业前，须对施工人员进行安全技术交底，确保人员掌握气灭间存在的安全风险和安全注意事项； 2. 严禁外单位人员操作气灭系统，须安排人员全程配合施工，并做好现场盯控； 3. 严格执行进/出入气体保护区域，将气体灭火系统模式开关切换至手动/自动位的规定； 4. 发现异常情况，立即退出房间并上报，快速有效开展应急处置； 5. 进入气灭设备房施工时做到双人双岗，做好自控、互控、他控	一般	黄
22	临时动火作业	1. 未按要求办理动火作业许可证； 2. 未按要求持证上岗，违章进行电焊、热切割等作业； 3. 氧气瓶、乙炔气瓶混合存放、运输、使用； 4. 未按要求设置安全防护，火花飞溅； 5. 动火作业结束后，未检查现场情况，未确认、消除消防隐患，造成火灾、设备损坏、人员伤亡	1. 严格遵守《运营公司消防安全管理办法》，动火作业前，按要求办理动火许可证； 2. 特种作业须持证上岗，严禁无证操作； 3. 动火作业前，须检查电、气焊工具，保证安全可靠，无老化等情况，不准带病使用； 4. 动火作业须有专人监护，作业前须清除动火现场及周围易燃物品，或采取其他有效安全防火措施，配备足够消防器材；	一般	黄

续表 8-1

序号	风险点(工作单元/操作步骤)	风险描述和导致后果	管控措施	风险等级	备注
22	临时动火作业	1. 未按要求办理动火作业许可证; 2. 未按要求持证上岗,违章进行电焊、热切割等作业; 3. 氧气瓶、乙炔气瓶混合存放、运输、使用; 4. 未按要求设置安全防护,火花飞溅; 5. 动火作业结束后,未检查现场情况,未确认、消除消防隐患,造成火灾、设备损坏、人员伤亡	5. 加强对施工现场的监督管理,严禁将氧气瓶、乙炔气瓶混合存放、运输、使用;使用气焊焊割动火作业时,氧气瓶与乙炔气瓶间距须不小于 5 m,二者与动火作业地点间距均应不小于 10 m,严禁在烈日下曝晒; 6. 动火作业完毕须清理现场,确认无消防隐患后方可离开	一般	黄
23	区间施工作业	在区间搬运大件物品过程中,因防护不到位,损坏消防水管、阀门、手报、感温光纤等消防设备设施损坏,发生火情无法报警及处置	1. 作业前,须制定安全防控措施,组织开展安全交底,确保作业人员掌握作业中存在的安全风险和安全注意事项; 2. 严禁将大型设备、物品放置在消防水管、阀门、手报、感温光纤等消防设备上,防止发生损坏、变形、故障等; 3. 加强对施工过程的监督管理,发现安全隐患,立即停止作业; 4. 综合机电部须做好设备设施的巡视,发现问题立即上报,快速处置; 5. 车务部、线网管控中心须在综合监控系统(integrated supervisory control system,ISCS)加强施工区域设备状态的监控,发现异常立即上报,快速处置	一般	黄

续表 8-1

序号	风险点(工作单元/操作步骤)	风险描述和导致后果	管控措施	风险等级	备注
24	设备房施工作业	1. 私拉乱接电线，违规用电； 2. 电烙铁、热缩枪等发热设备使用完毕后，随意放置； 3. 违规在机房内吸烟、存放汽油、酒精等易燃易爆物品； 4. 临时动火、切割、打磨等作业，产生大量烟雾、灰尘，触发设备房内的烟感、温感器，造成消防模式启动，气灭误喷等； 5. 施工作业过程中，温感、烟感、水消防系统、气灭系统损坏； 6. 施工过程中，施工材料、工器具乱堆乱放，堵塞消防通道、遮挡消防设施等，造成火灾、设备损坏、人员伤亡	1. 严格遵守《运营公司消防安全管理办法》； 2. 作业前，须组织开展安全交底，确保作业人员掌握作业中存在的安全风险和安全注意事项； 3. 安排专人对现场施工作业进行盯控，提前对可能产生影响的区域进行安全防护； 4. 严格执行进/出入气体保护区域，把气体灭火系统模式开关切换至手动/自动位； 5. 加强易燃易爆物品的管理，严禁在车站存放汽油、酒精等易燃易爆物品； 6. 严格遵守公司吸烟管理规定，在车站范围内严禁吸烟； 7. 对使用的电气设备产品严格把关，杜绝“三无产品”； 8. 对施工人员进行安全培训，确保其能够熟练掌握灭火器、消火栓的使用方法； 9. 严禁将工器具、施工材料堆放在疏散通道内及灭火器、消火栓前，防止堵塞疏散通道、遮挡消防设施； 10. 车务部须做好属地消防安全巡查，发现问题立即上报和处理	一般	黄

续表8-1

序号	风险点（工作单元/操作步骤）	风险描述和导致后果	管控措施	风险等级	备注
25	施工人员违法犯罪	1. 委外单位施工人员携带违禁品进站，造成火灾； 2. 委外单位施工人员寻衅滋事、打架斗殴，造成人员伤害； 3. 委外单位施工人员偷窃施工物料、工器具等，造成财产损失； 4. 委外单位施工人员蓄意破坏设备设施，造成设备故障； 5. 发生火灾、财产损失、设备故障、设备损坏、人员伤亡	1. 施工单位签订安全、消防、综治目标责任书，明确安全管理职责； 2. 施工单位入场施工前对施工人员进行充分的人员背景审查，清查有违法犯罪记录的人员； 3. 督促委外单位加强施工人员思想教育，提高法制意识； 4. 加强现场安全管理，作业前后做好物料、工器具等清点； 5. 车站员工、保安、保洁、安检加强公共区域及通风井的巡视，车辆段、停车场加强人员进出卡控和巡逻力度，发现可疑情况立即报告并采取措施； 6. 加强与地铁公安分局沟通联系，定期联合开展最小作战单元演练； 7. 加强与地铁公安分局、集团综治办和市反恐办的对接，及时掌握相关信息，做好应对措施	一般	黄
26	轨行区施工导致线缆损坏、设备故障	1. 电缆廊道、线缆槽、站台夹层、线缆引入孔等各专业的线缆混杂密集难以辨认，导致错误识别，误拆线缆；	1. 施工负责人作业前召开预备会，做好安全交底，确保作业人员了解作业时间、内容，作业存在的安全风险及相应防控措施； 2. 作业前，施工负责人对施工方案进行宣贯，确保作业人员掌握施工工艺、安装标准，按施工方案开展设备安装工作；		

续表 8-1

序号	风险点(工作单元/操作步骤)	风险描述和导致后果	管控措施	风险等级	备注
26	轨行区施工导致线缆损坏、设备故障	2. 新线缆引入、穿孔、敷设过程中防护不到位，导致既有线缆损伤； 3. 旧线缆拆除抽线作业不规范，导致新线缆损伤	3. 线缆密集地点进行线缆施工前，施工方必须与运营人员共同确认线缆并做好标记，方可进行抽线施工； 4. 电缆引入、抽除或穿越人防门孔洞和其他障碍物时，要求使用彩条布或橡胶皮，对既有线缆进行防护，防止电缆损伤； 5. 施工负责人做好施工过程监管，督促作业人员按施工方案开展作业，施工过程采取施工一段，防护一段； 6. 施工负责人作业销点前对施工区域进行全面排查，检查线缆状态是否良好，相关设备运行是否正常； 7. 无法恢复设备为正常状态时，立即启动应急预案，确保对运营不造成影响或降低影响	较小	蓝
27	计轴、轨道电路故障	计轴、轨道电路绝缘不良，导致轨道区段红光带	1. 根据设备安装标准及功能验收项目，制定测试及验收表格，由施工人员及运营人员双方共同确认； 2. 每月开展黄兴车辆段轨道电路重点检查，测试绝缘性能，防止金属粉尘、异物、潮湿等因素导致绝缘不良； 3. 施工作业、物料搬运过程中，做好磁头防护，防止对磁头造成干扰	较小	蓝

续表8-1

序号	风险点(工作单元/操作步骤)	风险描述和导致后果	管控措施	风险等级	备注
28	施工计划审批	审批施工计划错误，或审批下发的施工计划存在冲突，导致施工无法正常进行	1. 按审批流程，严把计划审核关，《施工行车通告》下发前须严格执行“专人负责、专业确认、双人审核”确认； 2. 涉及电力、环控设备的月/周施工计划及日补充计划，在下发前须经电力、环控工程师确认后方可审批下发； 3. 临时补修计划审批下发前，值班主任须与长沙地铁 2 号线施工管理工程师共同审核	较小	蓝
29	切割作业	在切割作业过程中，因操作不当、防护不到位、设备状态不良等，造成人员伤亡	1. 作业前，须对施工人员进行安全技术交底，确保人员掌握切割存在的安全风险和安全注意事项； 2. 切割前，须对砂轮机状态进行检查，确认防护罩状态为良好；严禁使用潮湿的砂轮片，砂轮片使用磨损严重时不得使用，须立即更换，确保设备状态良好； 3. 切割作业人员须按要求带好护目镜，并在砂轮机的侧面作业，防止砂轮片破裂，造成人员受伤； 4. 磨削完毕，须关闭电源，不得让砂轮机空转，防止发生意外伤害	较小	蓝
30	露天作业(检查时间 6 月至 10 月)	夏季高温室外作业，造成人员中暑	1. 高温天气，提前发放防暑降温物品； 2. 调整作业时间，避免高温时段室外作业，导致员工中暑； 3. 作业期间出现不适症状时，立即停止作业； 4. 每年进行一次《高温中暑急救培训》	较小	蓝

8.2 行车设备安全管理

8.2.1 处置原则

(1)改造施工作业时间内发生信号设备故障或事件时，由施工负责人组织进行现场故障处理。无法修复时，由施工负责人及时将信息通报至 OCC/DCC，相关部门做好应急行车组织调整。

(2)因改造施工作业时间内故障未处理完毕而转抢修时，正线区域作业通号部抢修负责人向 OCC 行调及车站人员报备、车辆段区域作业向 DCC 运调报备，接管现场故障抢修。

施工站点发生设备故障，通号部 2 号线信号系统改造工作组与既有信号二车间信号设备故障处置界面划分见表 8-2。

表 8-2 故障应急处理界面划分

故障发生时间	现场应急处置第一负责单位	同步协助故障应急处置单位	备注
施工开始时间至次日 9：00	信号系统改造工作组	既有信号二车间	—
次日 9：00 至施工开始前	既有信号二车间	信号系统改造工作组	(与施工有关，改造组参加)

8.2.2 施工期间故障处置组织

1. 一般情况下的组织原则

为确保设备故障及时修复，同时兼顾施工，根据故障类型、影响程度参照《故障分类处置表》进行相应故障应急处置。

2. 特殊场景组织原则

轨行区线缆敷设作业面发生故障，光、电缆及漏缆敷设施工存在无法立即停工料清的场景时，其施工组织参照表 8-3 所示标准执行。

表 8-3　轨行区线缆敷设作业面发生故障处置流程

线缆类型	已敷设长度	处置措施	处置标准
光、电缆	0~200 m	停止施工，回收线缆	
光、电缆	200 m 以上	继续敷设完毕，并临时固定	固定在轨行区消防水管后方，10 m 一固定(不得侵限)
漏缆	已上架敷设	继续敷设完成	
漏缆	未上架敷设	临时固定	固定在轨行区消防水管后方，10 m 一固定(不得侵限)

8.2.3　故障处置流程图

1. 关键设备，重大行车影响故障

所有配合小组全部停工出清。主要包括：联锁机瘫痪、BP 瘫痪、电源屏故障(全部失电)、UPS 双系故障(失电)、DCS 网络瘫痪。关键设备、重大行车影响故障信息通报流程见图 8-1。

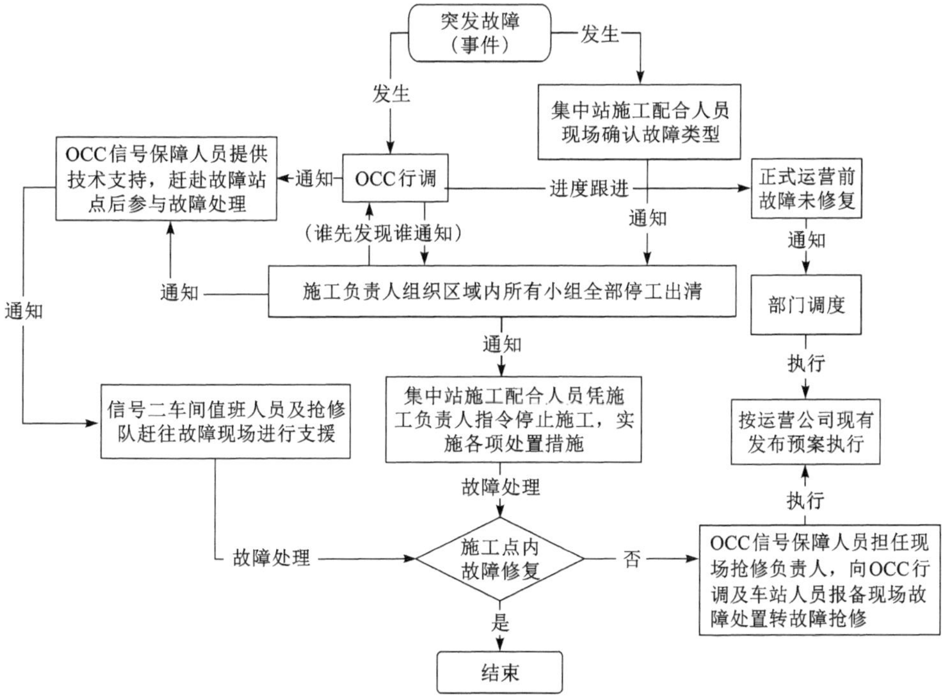

图 8-1　关键设备、重大行车影响故障信息通报流程

2. 关键设备单系故障不影响行车/一般行车影响故障(室内)

该施工区域故障小组停止施工，区域其他小组继续施工。主要包括：联锁机单系故障、BP 单系故障、电源屏故障(部分失电、未失电)、DCS 网络单网瘫痪、ESB 激活故障、屏蔽门状态丢失、正线与车辆段接口失效、防淹门状态丢失、计轴红光带故障、道岔故障。关键设备单系故障不影响行车/一般行车影响故障(室内)通报流程见图 8-2。

1. 一般行车影响故障(室外)

轨旁设备安装配合组停工，区域其他小组继续施工。主要包括：计轴区段红光带(有复位限制)道岔故障。一般行车影响故障(室外)信息通报流程见图 8-3。

4. 非关键设备不影响行车故障(室外)

轨旁设备安装配合组停工，区域其他小组继续施工。主要包括：信号机故障，AP 故障，PAC、IATP 室外环线、APR 故障。非关键设备不影响行车故障(室外)信息通报流程见图 8-4。

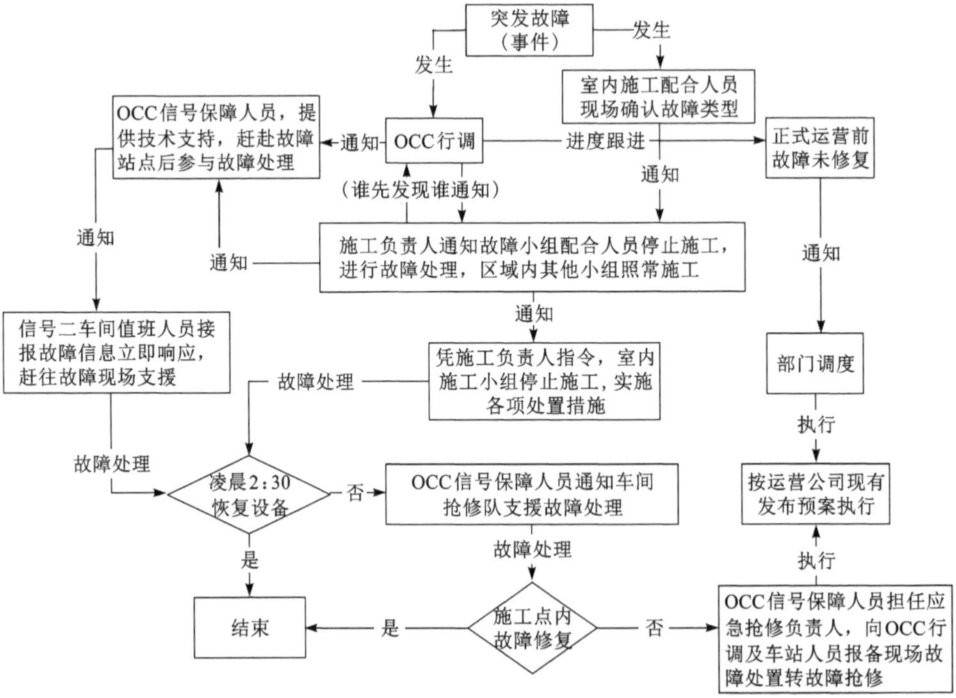

图 8-2　关键设备单系故障不影响行车/一般行车影响故障(室内)通报流程

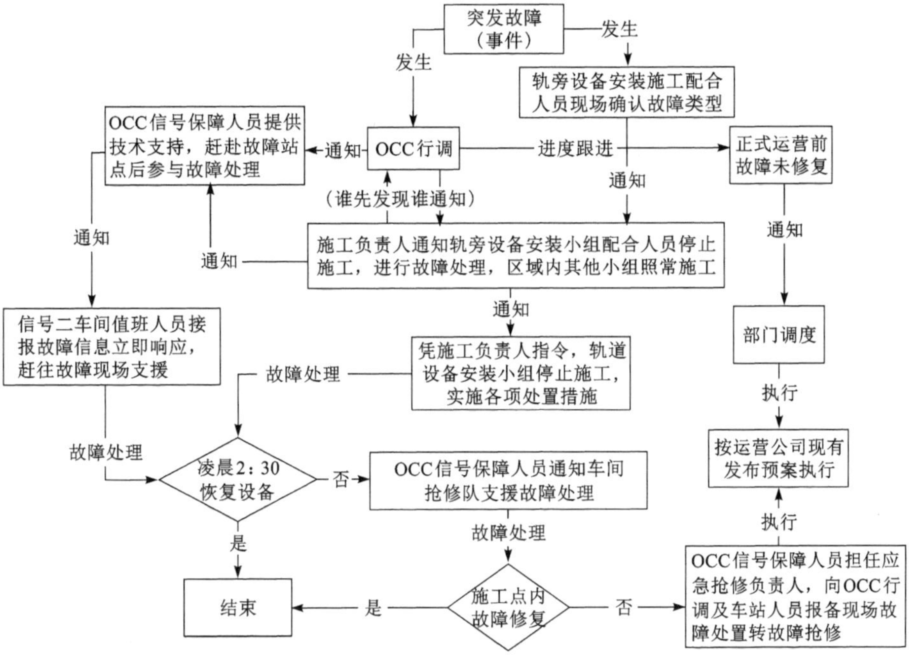

图 8-3　一般行车影响故障(室外)信息通报流程

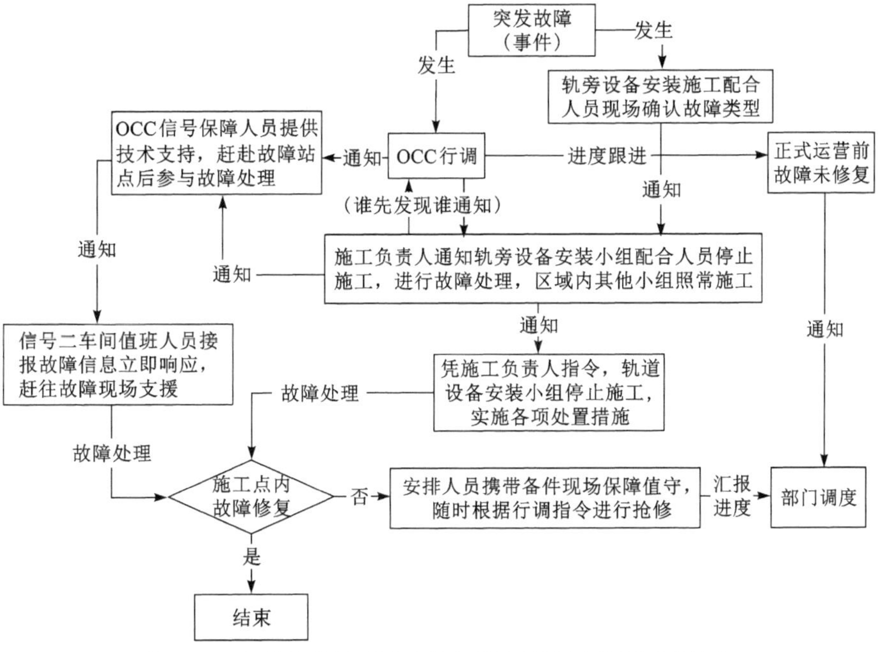

图 8-4　非关键设备不影响行车故障(室外)信息通报流程

5. ATS 子系统设备故障

施工区域故障小组停止施工，区域内其他小组继续施工。主要包括：OCC所有信号设备故障。ATS 子系统设备故障信息通报流程见图 8-5。

6. 车辆段信号设备故障

施工区域故障小组停止施工，区域内其他小组继续施工。主要包括：车辆段所有信号设备故障。车辆段信号设备故障信息通报流程见图 8-6。

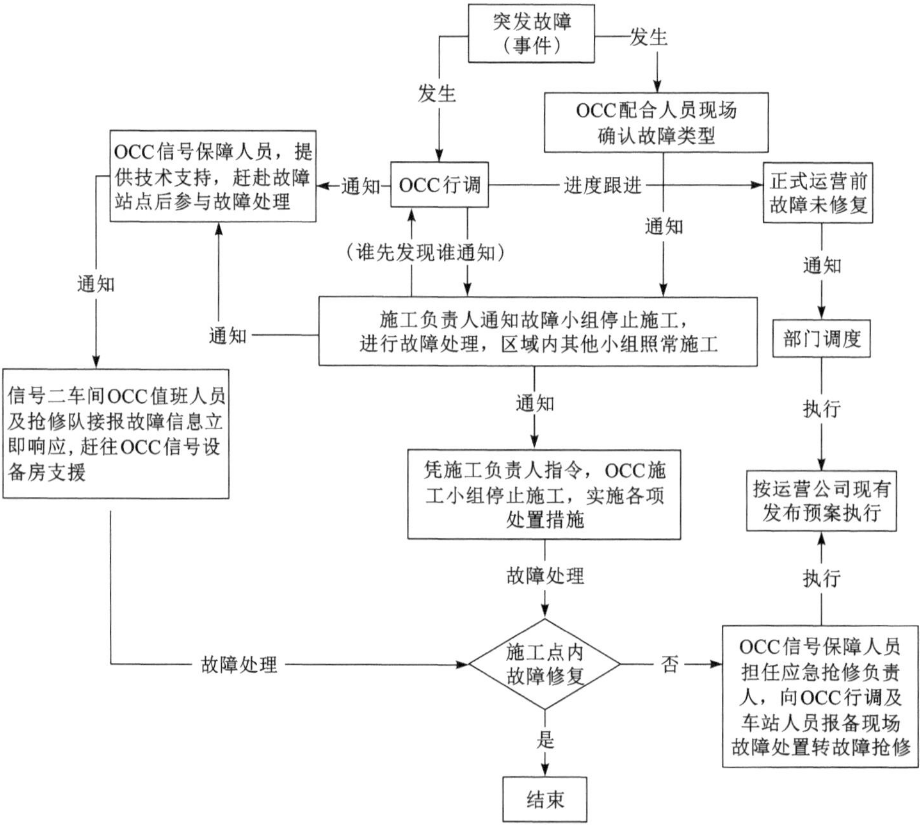

图 8-5　ATS 子系统设备故障信息通报流程

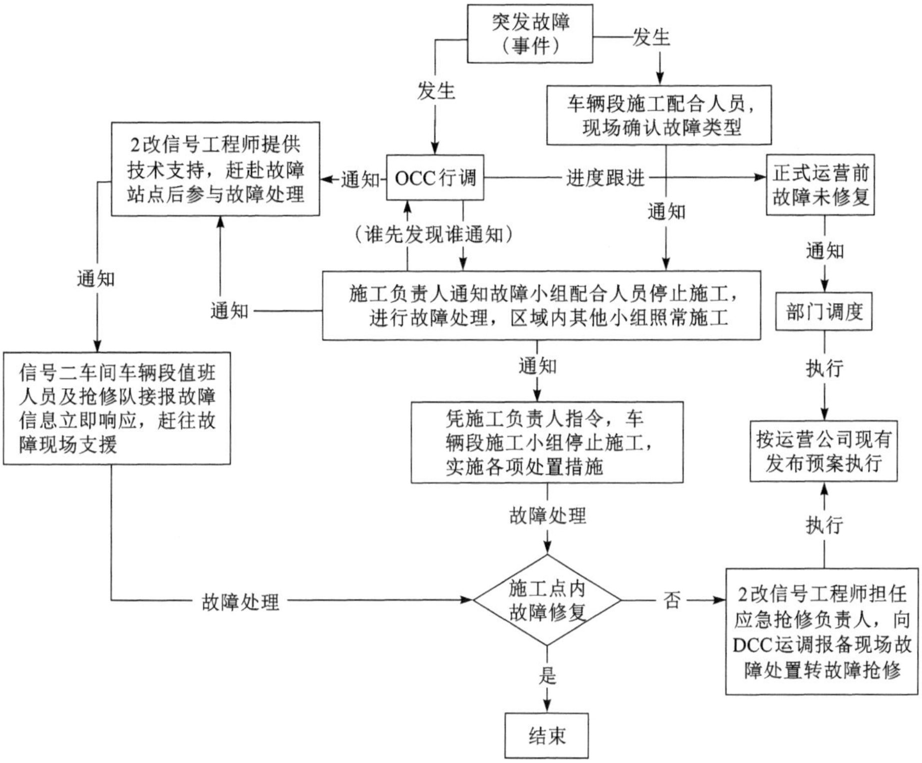

注：图中“2 改”为长沙市轨道交通 2 号线一期及西延一期信号系统改造工程项目简称。

图 8-6　车辆段信号设备故障信息通报流程

第 9 章

应急保障管理

9.1 应急组织

9.1.1 应急工作原则

项目应急工作原则即以人为本、预防为主。高度重视人身安全与运营安全工作，常抓不懈，防患未然。凡是可能造成人员伤亡的突发事件，坚持“先人后物”原则，优先疏散受威胁人群，及时采取避险措施，优先开展抢救人员的紧急行动。

统一指挥、分工协作。实行运营公司统一应急指挥，各参加单位多方抢险配合的应急组织原则。各有关参建单位按照各自的职责分工和权限，负责有关的应急处置工作。

精心组织、有效应对。各参建单位对突发事件要有充分的思想准备，加强基础工作，增强预警分析，提高防范意识，做好预案演练，做到常备不懈，力争早发现、早报告、早控制、早解决，将事件所造成的损失减少到最低程度。

快速反应、科学处置。一旦发生突发事件，要根据事件类型、级别等因素迅速启动相应预案。运用先进的技术和装备，充分发挥专家作用，控制局势，防止事态扩大蔓延。力争尽快平息事态，确保人身财产安全，恢复正常的社会秩序。

9.1.2 应急工作职责

根据项目组成，明确运营单位、各参建单位项目应急工作职责。

1. 集成单位

(1)建立健全安全生产保障体系，制定安全生产管理制度，成立应急救援队，配齐配强抢险人员；储备满足项目应急救援需要的机械、机具、材料，并设专人维护管理。

(2)负责既有及新设信号设备故障应急抢修工作；接到故障应急响应后，根据事故应急救援的需要，紧急调集各分包单位、人员、储备的物资，以及相关设施、设备参与故障应急抢修；遵从运营公司组织、指挥参与现场应急处置，控制事故蔓延和扩大。

(3)配合对事故的调查、分析。

2. 施工单位

(1)建立健全项目安全生产保障体系，制定安全生产管理制度，成立应急救援队，配齐配强抢险人员；储备满足项目应急救援需要的机械、机具、材料，并设专人维护管理。

(2)负责参与协助现场应急救援工作；根据事故应急救援的需要，紧急调集人员、储备的物资、交通工具，以及相关设施、设备；遵从运营公司组织、指挥参与现场应急处置，控制事故蔓延和扩大。

(3)配合对事故的调查、分析。

3. 监理单位

(1)负责督促、检查监理范围内有关施工单位的应急响应制度的建立。

(2)调查和评估灾害可能发展的方向，确定其可能的发展过程，协助运营公司进行应急抢险工作。

(3)指导施工单位生产设施的停工处置，协助场外应急机构开展服务工作。

4. 设计单位

(1)参与事件调查、分析。

(2)协助运营公司故障应急处置，提供设计标准及应急修复建议，指导集成商、施工单位整改修复闭环。

9.1.3 应急响应条件及要求

应急响应分级，响应行动按照事件的可控性、严重程度和影响范围分级要求进行分级，由高到低划分为一级、二级、三级、四级四个级别。

1. 一级响应条件

(1)造成1人以上重伤(中毒)或人员死亡(失踪)的事件；

(2)区间乘客疏散；

(3)接到公安或上级部门发布的恐怖袭击事件预警信息；

(4)设备故障或突发事件导致列车15 min无法动车；

(5)运营时间发生严重影响行车的事件或严重影响客服的设备故障，启动二级响应后20 min以上，经请示公司主要领导同意后；

(6)列车、设备、机房、主所、办公区域、车站、商铺、轨行区等发生明火，火势无法控制；

(7)公司认为有必要响应的其他事件。

2. 二级响应条件

(1)设备故障或突发事件导致列车10 min无法动车；

(2)运营时间发生严重影响行车的事件或严重影响客服的设备故障，启动三级响应后30 min以上，经请示安全监察部分管领导同意后；

(3)列车、设备、机房、主所、办公区域、车站、商铺、轨行区等发生明火，初起火灾无法控制，有蔓延趋势；

(4)有乘客在地铁管辖区范围内自然死亡；

(5)公司认为有必要响应的其他事件。

3. 三级响应条件

(1)设备故障或突发事件导致列车5 min无法动车；

运营时间发生严重影响行车的事件或严重影响客服的设备故障，启动四级响应后40 min以上；

(2)列车、设备、机房、主所、办公区域、车站、商铺、轨行区等发生明火，导致启动火灾模式，初起火灾未能扑灭的；

(3)公司认为有必要响应的其他事件。

4. 四级响应条件

(1)运营期间内发生严重影响行车的事件或严重影响客服的设备故障；

(2)运营前 30 min 发生的或未恢复使用的严重影响行车的事件或严重影响客服的设备故障；

(3)列车、设备、机房、主所、办公区域、车站、商铺、轨行区等发生明火险情，导致启动火灾模式的；

(4)公司范围内发生治安突发事件的；

(5)公司认为有必要响应的其他事件。

9.1.4　应急响应启动、结束程序及条件

运营公司发生突发事件，启动相应级别响应时，信号改造工程各参建单位立即按信息通报流程进行内部通报，启动对应级别应急响应，立即组织应急抢险队出动。如故障设备已修复，影响行车因素已消除，运营秩序逐步恢复，运营公司取消应急响应。信号改造工程各参建单位在接到通号部抢修负责人通知抢修结束后，响应结束。

运营突发事件未处理完毕，各参建单位不得离开；设备设施故障经临时处理，运营秩序恢复正常，根据运营公司要求安排人员参与现场值守保障。

运营公司各级管理人员应急响应及故障处置参照运营公司既有管理制度执行。应急组织架构见图 9-1。

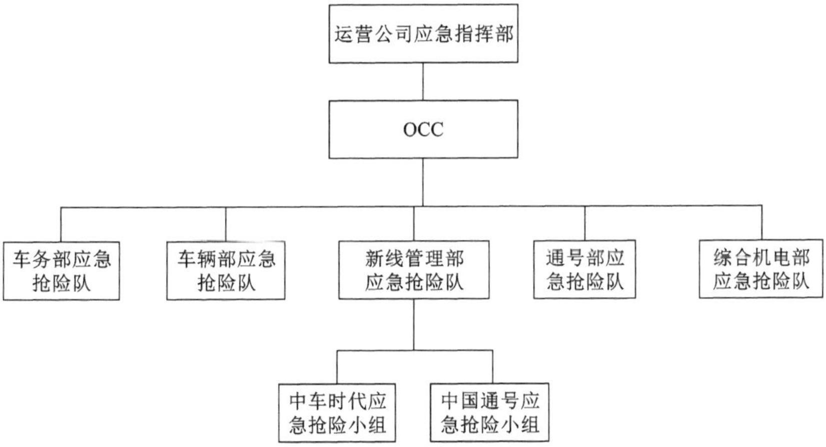

图 9-1　应急组织架构

9.1.5 应急响应人员

各参建单位须根据运营公司响应级别配备相关应急抢修力量，响应人员层级参照运营公司响应要求执行，原则上一级响应由各参建单位董事长/总经理组织抢修队赶赴事发现场；二级响应由各参建单位副总经理以上人员组织抢修队赶赴事发现场；三级响应由各参建单位项目经理以上人员组织抢修队赶赴事发现场；四级响应由各参建单位项目现场经理/项目总工/监理工程师组织抢修队赶赴事发现场。

如一级、二级响应人员无法第一时间参与现场响应时，须委派项目经理进行先期故障处置，并于 48 h 内赶到现场参与故障分析与整改。

9.1.6 应急响应时间

发生突发事件后，要求各参建单位现场处置人员应急响应时间不得超过 3 min，运营期间内首名应急抢险人员到达现场不得超过 36 min，应急抢险队到达现场时间原则上不得超过 45 min，非运营期间内首名专业人员到达现场时间原则上不得超过 50 min，应急抢险队到达时间原则上不得超过 60 min。应急抢险人员到达事件现场时应第一时间向现场抢修负责人报到，听从现场抢险负责人指挥。

9.1.7 应急信息报告

各参建单位现场负责人/备用联系人作为应急信息收发流转负责人，接收通号部应急响应信息，组织本单位人员响应。

原则上各参建单位响应人员要求接报信息后 20 min 内应充分了解事件或故障情况并将应急抢修队人员、物料准备情况报通号部抢修负责人，同时每 20 min 进行一次信息汇报。应急信息通报流程见图 9-2。

9.2 应急物资保障

各参建单位应建立应急救援物资储备制度，现场配备必要的应急救援器材、设备和物资；建立现场救援抢险装备信息数据库，明确其类型、性能、数量

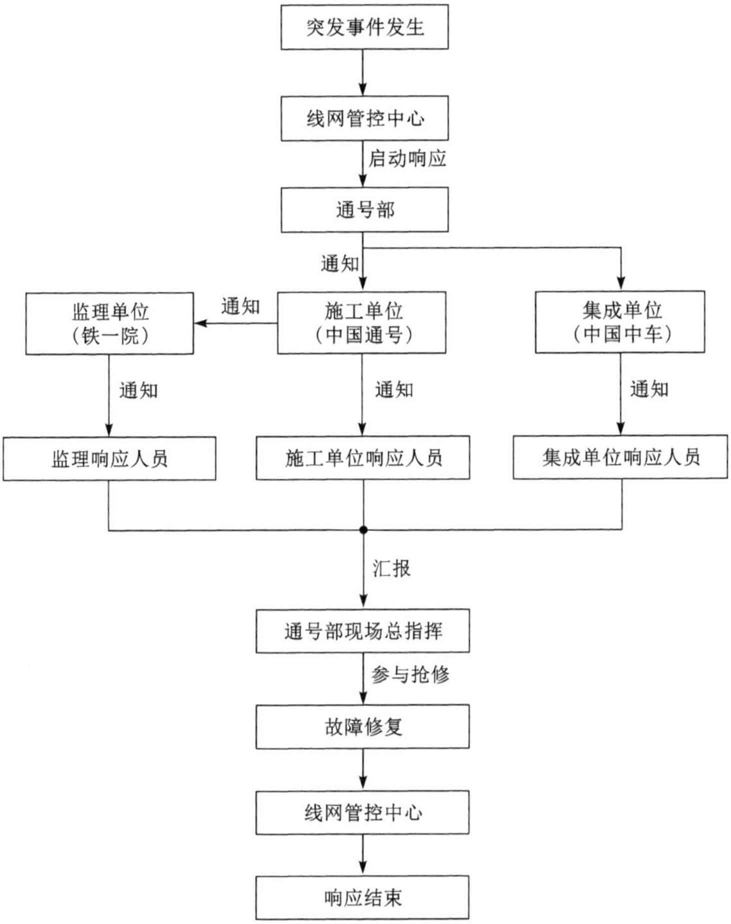

图 9-2　应急信息通报流程

和存放位置；建立救援抢险装备维护、保养、更新和调用制度，每年对应急救援物资、设备进行经常性维护、保养。

9.3　应急保障管理

9.3.1　应急队伍保障

各参建单位全面负责应急救援的人力保障，对本单位生产安全事件和突发紧急事件应急工作基本人员力量进行摸底检查，监督落实应急救援人员的配备并确保应急人员数量充足；各应急队伍应熟悉相关预案并根据实战需要组织演练。

9.3.2 应急响应演练

各参建单位应结合突发事件应急响应预案和安全生产工作实际，制定演练计划并定期开展突发事件处置应急响应演练，每季度至少演练一次。每次演练结束后应进行讲评和总结，查找不足并制定整改方案。每次演练全过程应有相应记录，并附有相应的演练问题整改落实情况，至少保存至本项目结束。

9.3.3 监督与考核

在地铁运营突发事件应急响应工作中有下列行为之一的，按照《运营公司安全生产协议》进行考核。

1. 警告处罚

出现以下情况，给予一次警告处罚。

(1)不按照规定制定事件应急预案；

(2)不按照规定制定演练计划，组织演练；

(3)应急信息报告流转不畅，对应急响应造成一定影响；

(4)超过应急响应时间 15 min；

(5)不按照人员响应级别组织应急响应；

(6)应急物资缺失，维护、保养不到位；

2. 约谈、通报批评、更换人员

(1)6 个月内被警告达 2 次的单位，运营公司新线管理部约谈项目负责人。

(2)6 个月内被警告 3 次或被运营公司新线管理部约谈项目负责人达 2 次，运营公司新线管理部分管领导约谈相关单位上级主管领导并在运营公司范围内给予通报批评。

(3)6 个月内被警告 4 次以上的管理人员纳入黑名单并发公函建议其单位更换项目主要管理人员。

3. 经济处罚

存在以下隐患之一的，依据安全生产协议及合同进行经济处罚。

(1)拒绝履行应急响应职责和义务的；

(2) 瞒报、谎报、迟报、漏报事件真实情况的；

(3) 散布谣言，扰乱社会秩序的；

(4) 超过应急响应时间 2 h；

(5) 不组织人员进行应急响应；

(6) 未准备应急物资；

(7) 被轨道交通集团等上级单位或其他政府部门查出并通报督查的。

以上违约经济处罚由运营公司新线管理部开罚单，30 日内由责任单位将罚款交运营公司财务部。

参考文献

[1] 张晓东. QD 城市轨道交通设备工程项目管理优化研究[D]. 桂林：桂林理工大学，2023.

[2] 覃江涛. 城市轨道交通信号系统工程接口管理探讨[J]. 城市建设理论研究：电子版，2014(24).

[3] 沈恒岭. 城市轨道交通通信系统工程建设项目管理分析[J]. 中国新通信，2019，21(24)：1.

[4] 周冠春. 轨道交通工程项目进度管理研究[D]. 天津：天津大学，2017.

[5] 杨帆. 城市轨道交通信号系统辅助工程设计平台的研究与实现[D]. 北京：北京交通大学，2014.

[6] 季丽春. 多方合作管理在地铁信号企业中的应用研究[D]. 上海：上海交通大学，2012.

[7] 贾国彬，张鑫，刘娟，等. 城市轨道交通信号系统的项目集管理实践[J]. 中国科技期刊数据库工业 B，2017(10)：55.

[8] 滕飞飞. 轨道交通生产性设备运营成本归集与估算方法[D]. 大连：大连理工大学. 2015.

[9] 田茂. 城市轨道交通设备系统建设一体化关键技术研究[D]. 北京：中国铁道科学研究院，2023.

[10] 王志江. 项目管理在城市轨道交通信号工程中的运用分析[J]. 汽车周刊，2023(2)：193-194.

[11] 刁望敏. 城市轨道交通信号系统集成项目质量管理研究[D]. 北京：北京邮电大学，2014.

[12] 杲梦迪，武文静，孙亚，等. 城市轨道交通信号系统研究及优化[J]. 越野世界，2022(7)：209-211.

[13] 张志强. 轨道交通信号系统投标文档编制进度管理研究与应用[D]. 上海：上海交通大学，2013.

[14] 李新潮，徐行. 地铁信号系统更新改造工程的集成管理[C]. 城市轨道交通供电系统新技术年会，中国铁道学会，2009.

[15] 邵宝平. 城市轨道交通新建线路信号系统工程项目管理方法及过程分析[J]. 城市轨道交通研究，2021，24(12)：2.

[16] 孙海峰. 城市轨道交通信号系统项目管理模式探析[D]. 北京：北京交通大学，2012.

[17] 刘媛维. 城市轨道交通既有信号系统改造项目的风险管理[J]. 铁路通信信号工程技术，2022，19(7)：4.

[18] 吴涛. CS 城市轨道交通信号系统项目计划管理优化研究[D]. 兰州：兰州交通大学，2023.

[19] 李光华. 项目管理在城轨延伸线信号调试工作中的运用[J]. 中国新技术新产品，2021(1)：131-133.